AF299045

Collection de M. le Mis de B***, de Florence.

CATALOGUE

DE LA

BELLE COLLECTION

D'ESTAMPES

ANCIENNES

DES ÉCOLES ALLEMANDE, FLAMANDE, FRANÇAISE, HOLLANDAISE & ITALIENNE

COMPOSANT LE

Cabinet de M. le Marquis de B***, de Florence

DONT LA VENTE AUX ENCHÈRES PUBLIQUES AURA LIEU

HOTEL DES COMMISSAIRES-PRISEURS

Rue Drouot, 5, Salle n° 3

AU PREMIER ÉTAGE

Les Lundi 19, Mardi 20, Mercredi 21, Jeudi 22, Vendredi 23 & Samedi 24 Mars 1866

A UNE HEURE PRÉCISE

Me **DELBERGUE-CORMONT**, Commissaire-Priseur,
rue de Provence, 8,

Assisté de **M. CLEMENT**, M^d d'Estampes de la Bibliothèque Impériale,
rue des Saints-Pères, 3,

Chez lesquels se distribue le présent Catalogue.

EXPOSITION PUBLIQUE

Le DIMANCHE 18 Mars 1866, de une heure à quatre heures.

PARIS — 1866

ORDRE DES VACATIONS

Première Vacation. — *Lundi 19 Mars 1866 :*
Nos 1 à 300.

Deuxième Vacation. — *Mardi 20 Mars :*
Nos 301 à 557.

Troisième Vacation. — *Mercredi 21 Mars :*
Nos 558 à 848.

Quatrième Vacation. — *Jeudi 22 Mars :*
Nos 849 à 1081.

Cinquième Vacation. — *Vendredi 23 Mars :*
Nos 1082 à 1338.

Sixième Vacation. — *Samedi 24 Mars :*
Nos 1339 à 1575.

CONDITIONS DE LA VENTE

Elle se fera au comptant.

Les Acquéreurs paieront en sus du prix d'adjudication CINQ pour CENT, applicables aux frais.

L'Expert aura la faculté de diviser les lots.

DÉSIGNATION

DES

ESTAMPES

AKEN (Jean-Louis)

1 — Le Pays raboteux (B. 9).

Très-belle épreuve.

2 — Vues du Rhin. Suite de quatre estampes (B. 18-21).

Très-belles épreuves du 2ᵉ état, avec l'adresse de Clément de Jonghe.

ALBERTI (Chérubin)

3 — La Sainte Famille, sainte Elisabeth, et saint Jean (B. 38).

Très-belle épreuve d'un 1ᵉʳ état inconnu à Bartsch, avant les mots : *Cum privilegio summi pontificis.*

ALMELOVEEN (Jean)

4 — Paysages (B. 21, 22 et 25).

Trois estampes.

AMATO (François)

5 — Sainte Famille (B. 1). — Saint Jérôme (B. 3).

Belles épreuves.

6 — Saint Christophe (B. 4).

Première épreuve avant le nom : S. Christoforo à la droite d'en haut.

AMERIGHI, dit Michel-Ange de Caravage

7 — L'Incrédulité de saint Thomas. — La Mise au tombeau.

Deux estampes.

ANONYMES ITALIENS

8 — Panneau d'ornements gravés au trait. Rare.

9 — La Fuite en Egypte.
Pièce en hauteur gravée à l'eau-forte.

10 — Sainte Famille dans un rond. — Deux Têtes d'hommes.
Trois estampes. Belles épreuves.

11 — La Vierge tenant l'Enfant Jésus qui caresse saint Jean, entre saint Pierre et saint Paul.
Belle épreuve.

12 — La Vierge et l'Enfant Jésus dans une gloired'anges.

13 — Saint Sébastien attaché à un arbre.
Pièce gravée à l'eau-forte.

14 — Le Frappement du rocher.
Grande pièce.

15 — Groupe de cinq enfants. Pièce signée : *François Primadis Bologno à Fontainebleau.*
Belle épreuve.

16 — La Charité. — La Force. Sujets pour des angles de plafonds, d'après le Primatice.
Belles épreuves.

17 — Jeune Ramoneur.
Pièce à l'eau-forte.

18 — Paysage avec ruines.
Pièce en largeur.

ANONYMES FLAMANDS

19 — Portrait de vieillard avec turban. — La Femme au chapeau de paille. Deux pièces gravées à l'eau-forte d'après Rubens.
Belles épreuves.

20 — L'Arracheur de dents, composition de dix figures. Pièce gravée dans le goût de Jean de Wael.
Très-belle épreuve.

AUDRAN (Gérard)

21 — Saint Jérôme tenté dans le désert, d'après le Dominiquin (R. D. 32).
Superbe épreuve du 1er état, avant toutes lettres. Très-rare.

22 — Saint Sébastien, d'après Annibal Carrache (R. D. 37).
Superbe épreuve du 1er état, avant la lettre ; elle a de la marge. Très-rare.

AUDRAN (Benoît)

23 — Jean-Paul Bignon, abbé de Saint-Quentin, d'après Vivien.
Belle épreuve.

AUDENAERD (R. van)

24 — Le Mariage de la Vierge. — L'Adoration des Mages, d'après C. Maratte.
Belles épreuves.

BADALOCCHIO (Sixte)

25 — La Sainte Famille, d'après Schidone (B. 25).
— Le Mariage de sainte Catherine (B. 26). Deux estampes.
Belles épreuves.

BALESTRA (Antoine)

26 — Portrait de l'architecte Michel San Michele.
Belle épreuve.

BALECHOU (J.)

27 — Jacques-Gabriel Grillot, abbé de Goutinac, d'après Autreau.
Très-belle épreuve.

BARBARY (Jacques de), dit le Maître au Caducée

28 — La Sainte Vierge et l'Enfant Jésus dans un paysage (B. 6).
Très-belle épreuve. Pièce fort rare.

29 — La Victoire (B. 23).
Très-belle épreuve. Rare.

BARBIERI (F.), dit LE GUERCHIN

30 — Saint Antoine de Padoue (B. 1).
Belle épreuve.

31 — Un Homme et une Femme qui se battent (B. 1 des pièces douteuses).
Belle épreuve.

BARBIERE (DOMINIQUE DEL)

32 — Assemblée d'hommes et de femmes, d'après le Primatice (B. 6). — La Gloire, d'après maître Roux. Deux estampes.
Belles épreuves.

BAROZIO (FRÉDÉRIC)

33 — L'Annonciation (B. 1).
Très-belle épreuve ; elle est doublée.

34 — La Vierge assise (B. 2).
Belle épreuve. Collection Gawet.

35 — Saint François stigmatisé (B. 3). Saint François dans la chapelle (B. 4).
Deux estampes.

36 — Saint François dans la chapelle (B. 4).
Belle épreuve ; elle est restaurée.

BAUDUINS (A.-F.)

37 — Quatre Paysages, d'après Van der Meulen.
Belles épreuves.

BAUR (JEAN-W.)

38 — Son Portrait gravé en 1637.
Belle épreuve. Rare.

39 — Repos de voyageurs.
Très-belle épreuve.

40 — Répétition du même sujet.
Pièce attribuée à Verschuring.

BAUR (W.) et autres

41 — Estampes représentant des batailles faisant partie
de l'ouvrage de F. Strada.
Dix-neuf pièces.

BASSANO (César)

42 — Portrait de Jacob de Médicis.
Belle épreuve.

BAKHUIZEN (L.)

43 — Marines (B. 2, 4, 5, 9 et 10).
Cinq estampes. Très-belles épreuves.

BÉGA (Corneille)

44 — Buste de jeune femme (B. 2). — Vieille regardant
en haut (3). — Tête de paysan (5). — Tête non achevée
(6). — Buste de vieille (7). — L'Homme au manteau
court (8). — La Femme portant la cruche (9). — La
Famille (21). Neuf pièces.
Belles épreuves.

45 — L'Homme avec la main dans le pourpoint (10). —
La Fumeuse (11). — La Vieille tenant un grand pot
(12). — Le Fumeur (13). — La Vieille debout (14). —
L'Homme au manteau court et le bonnet haut (15). —
Le Buveur (16). — Le Paysan au chapeau bas (17). —
La Femme portant un panier (18). Neuf pièces.
Belles épreuves.

46 — Le Paysan à la fenêtre (19). — Le Paysan allumant
sa pipe (20). — Le Paysan au dossier (22). — Les Ca-
resses mal reçues (24). — Le Chanteur (27). Cinq pièces.
Belles épreuves.

47 — Les deux Amoureux (25). — La Danse (26). — Le
Chanteur (27). — La Mère (28). — Les trois Buveurs
(29). Cinq pièces.
Belles épreuves.

48 — La Mère et son mari (30).
Belle épreuve.

49 — La Mère au cabaret (31).
Très-belle épreuve.

50 — La jeune Cabaretière caressée (34).
Très-belle épreuve.

51 — Le Cabaret (B. 35).
Superbe épreuve du 1er état, avant l'adresse de J. Covens et C. Mortier, qui a été effacée dans le 3e état.

BEHAM (H.-S.)

52 — Dessin de vase. — Vase et panneau par Hopfer. 3 p.
Belles épreuves.

BEICH (Joachim-François)

53 — Deux vues de sites agrestes, prises dans le Tyrol.
Belles épreuves.

BELLA (Étienne, Della)

54 — Saint Prosper, descendant du ciel, une épée nue à la main, pour venir au secours de la ville de Reggio (Jombert, 68).
Belle épreuve.

55 — Jeux de la Fable (J. 116). 28 pièces.

56 — Jeux de la Géographie. Suite de 52 pièces (J. 117).
Belles épreuves.

57 — Carte des rois de France. Suite de 40 pièces (J. 119).
Belles épreuves du 1er état.

58 — Sainte Famille, Fuite en Égypte, Ruines antiques, etc., 17 p.

BELLANGE (J.)

59 — Les trois Maries au tombeau (R. D. 9). — Les Mages (33 et 35). — Femme assise près d'un vase (37).
Quatre estampes.
Belles épreuves.

BELLAVIA (Marc-Antoine)

60 — Saint Antoine de Padoue adorant l'enfant Jésus
(B. 38).
Très-belle épreuve.

61 — La Madeleine pénitente (B. 40).
Épreuve avant les initiales du maître.

BENASCHI (J.-B.)

62 — Sainte Famille, d'après J.-D. Cerrini.
Belle épreuve.

BERGHEM (Nicolas)

63 — La Vache qui s'abreuve (B. 1).
Très-belle épreuve avec l'adresse de N. Visscher.

64 — La Vache qui pisse (B. 2).
Très-belle épreuve du 2e état, avec le nom du maître, mais avant
l'adresse de F. Wit.

65 — La même Estampe.
Épreuve du 4e état, avec l'adresse de G. Valk.

66 — Les trois Vaches au repos (B 3).
Superbe épreuve du 1er état, avant le nom du maître, avant des travaux
sur les montagnes du fond, et sur le nuage au-dessus du petit bouquet
vers le milieu du ciel, qui est resté blanc. Extrêmement rare.

67 — Le Joueur de cornemuse, estampe connue sous le
nom du *Diamant* (B. 4).
Très-belle épreuve.

68 — La même Estampe. Fragment représentant le groupe
du milieu de l'estampe.
Très-belle épreuve.

69 — Le Pâtre jouant du flageolet (B. 6).
Ancienne épreuve.

70 — Le Berger assis sur la fontaine (B. 8).
Rare épreuve avant le nom de F. de Wit et avant le numéro; elle est
restaurée.

71 — Les cinq sujets d'animaux, en hauteur. Suite de cinq estampes (B. 8-12).

Belles épreuves du 3e état, avec l'adresse de F. de Wit sur la première pièce et celle de P. Goos sur la cinquième.

72 — Le Ruisseau traversé (B. 12ª). Ce sujet est une répétition du n° 12.

Très-belle épreuve. Collection W. Esdaile.

73 — Sujets d'animaux, en largeur. Suite de quatre estampes (B. 13-16).

Belles épreuves.

74 — Tête de bouc, gravée à gros traits (B. 17).

Superbe épreuve du 1er état, non décrit par Bartsch et R. Weigel, avant : *Berghem fec. N. Visscher edi : Cum privilegio.* Extrêmement rare.

75 — Tête de bouc, au front éclairé (B. 18).

Belle épreuve; plus la copie et le titre du cahier des vaches à la laitière.

76 — Les Vaches à la laitière. Suite de six estampes (B. 23 à 28).

Très-belles épreuves avec les numéros. Collection W. Esdaile.

77 — Le Cahier à la femme, en six pièces (B 29-34).

Belles et anciennes épreuves. Cette suite, ainsi que les trois suivantes, ont été imprimées à deux sujets sur une feuille.

78 — Le Cahier à l'homme, en six feuilles (B. 35-40).

Belles et anciennes épreuves.

79 — Le Cahier à la femme, en huit feuilles (B. 41-48).

Belles et anciennes épreuves.

80 — Le Cahier à l'homme, en huit feuilles (B. 49-56).

Belles et anciennes épreuves.

BERLINGHIERI (Camille)

81 — Paysage.

Belle épreuve.

BERVIC (Clément)

82 — Charles Linnée, d'après Roslin.

Belle épreuve.

BISCAINO (Barthélemi)

83. — Moïse sauvé des eaux (B. 2).
Belle épreuve.

84 — Suzanne surprise au bain (B. 4).
Belle épreuve.

85 — La Nativité (B. 7).
Belle épreuve ; elle est doublée.

86 — L'Adoration des rois (B. 9).
Belle épreuve.

87 — La Circoncision de Jésus-Christ (B. 10).
Belle épreuve.

88 — Le Petit Sauveur (B. 14).
Belle épreuve.

89 — La Vierge allaitant l'Enfant Jésus (B. 21).
Belle épreuve.

90 — La Vierge adorant l'Enfant Jésus (B. 22).
Belle épreuve.

91 — Sainte Famille (B. 26).
Belle épreuve.

92 — Saint Jérôme (B. 34).
Très-belle épreuve du 1er état.

93 — Galathée (B. 40).
Très-belle épreuve du 1er état.

BLÉRY

94 — Étude de roseaux. Paysages par Berthault. Onze
pièces sur Chine.

BLEKER (G.)

95 — Le Troupeau en marche (B. 8).
Belle épreuve.

96 — Le Chariot à deux roues.
Très-belle épreuve.

BLOEMAERT (Corneille)

97 — Sainte Famille, d'après le Parmesan.
Belle épreuve.

98 — Portrait de Colomba Tofaninis, d'après J.-B. Ra-
maceiotus.
Belle épreuve.

BOEL (Pierre)

99 — La Chasse au sanglier (B. 7).
Belle épreuve.

BOEL (Coryn)

100 — Les Fumeurs au cabaret. — Paysan debout jouant
de la flûte. — Le Buveur et le Fumeur. — Les Fumeurs, d'après Téniers. Quatre estampes.
Très-belles épreuves.

101 — Vieux paysan tenant des deux mains une cruche.
— Le Fumeur. — Le Buveur. — Vieux paysan tenant
de la main droite une cruche et de la gauche un verre.
— Deux figures de paysans dont un tient un long
bâton. — Homme enveloppé d'un manteau et coiffé
d'un chapeau, d'après Téniers. Six estampes.
Très-belles épreuves.

BOHM (C.-W.)

102 — Petit paysage au bord d'une rivière.
Très-belle épreuve.

BOISSIEU (J.-J. de)

103 — L'Écrivain public (B. 8).
Superbe épreuve; elle a de la marge.

104 — Les Grands tonneliers (9).
Superbe épreuve poussée à l'effet par le moyen de la roulette. Très-rare
en cet état.

105 — L'Hermitage adossé à des rochers (11).
Très-belle épreuve tirée avant que les marges du cuivre aient été nettoyées; elle a de la marge.

106 — Intérieur de ferme (13).
Belle épreuve.

107 —. Le Maître d'école (14).
Première et superbe épreuve avec la morsure de l'étau, au haut, à droite.

108 — Un vieillard faisant lire un enfant, morceau connu
sous le nom du *Petit maître d'école* (18).
Première et superbe épreuve à l'eau-forte pure et avant le second point
à la suite du monogramme du graveur. Très-rare.

109 — Fête champêtre (21).
Superbe et première épreuve, avant l'astérique à la suite de la date.

110 — Les Petits Charlatans (22).
Très-belle épreuve avant le second point entre le monogramme du graveur et la date.

111 — Vue du temple de la Sibylle et de la cascade à
Tivoli (30).
Très-belle épreuve avec les angles du cuivre fortement arrondis, mais
avant le titre gravé au burin et l'adresse de *Frauenhofs*; elle a de la
marge. Rare.

112 — Vue du passage du Garillano, en Italie (31).
Très-belle et première épreuve avant que la morsure de l'étau, au haut,
à droite, ait été effacée; elle a de la marge.

113 — Vue d'Aqua-Pendente, sur la route de Sienne à
Rome (33).
Très-belle épreuve avant les travaux à la roulette et avant l'angle droit
supérieur arrondi.

114 — Vue du temple de Vesta et des vestiges d'anciens
aqueducs, à la gauche d'une campagne (34).
Très-belle épreuve.

115 — Vue du pont Lucano, sur la route de Rome à
Tivoli (36).
Très-belle épreuve avant l'astérique après les initiales du maître et avant
que le trait carré du haut ait été redressé.

116 — Vue de l'Abreslé en Lyonnais (40).
Très-belle épreuve avant les marges du cuivre nettoyées.

117 — Vues des bords de la rivière d'Ain (42).
Première et superbe épreuve avant que l'angle du haut du cuivre, à droite, ait été arrondi.

118 — La Grande forêt (55).
Superbe épreuve avant la troisième taille sur le ciel, à gauche, et avant la totalité des travaux à la roulette. Très-rare.

119 — Deux Vaches passant à gué une rivière ; elles sont suivies d'un jeune homme qui les conduit, d'un vieillard portant un enfant et d'une femme montée sur un âne. Morceau dit les *Grandes Vaches* (56).
Superbe épreuve; elle a de la marge.

120 — Des Villageois se reposant au coin d'un bois (59).
Très-belle épreuve.

121 Vue d'une cascade tombant d'une maison très-élevée (62).
Superbe épreuve avant toutes lettres. Rare.

122 — Paysage ; sur le devant, à droite au bord d'une rivière, deux hommes dont l'un dessine, l'autre lit (63).
Très-belle épreuve.

123 — Paysage ; à droite les colonnes d'un ancien temple (64).
Première et superbe épreuve avant que la morsure de l'eau, au coin droit supérieur, ait été effacée ; elle a de la marge.

124 — Homme tête nue, tourné vers la gauche (105).
Très-belle épreuve.

125 — Feuille de huit études de têtes (111).
Très-belle épreuve.

126 — Paysage d'après Fouquières (128).
Belle épreuve.

127 — Chasseur avec son fusil sur l'épaule sortant d'un bois, d'après Wynants (129).
Première et superbe épreuve avant la lettre ; elle est sur papier de Chine. Très-rare.

128 — Bouvier assis sous de grands arbres dans une campagne, d'après Ruysdaël (134).

Superbe et première épreuve avant la lettre et avant que l'angle inférieur ait été arrondi à gauche; elle est sur papier de Chine. Très-rare.

129 — Le Moulin de Ruysdaël (136).

Très-belle épreuve avant que trois des angles, coupés diagonalement, aient été arrondis; elle est tirée avec un seul tour de presse.

130 — La même estampe.

Très-belle épreuve pareille à la précédente, mais elle est tirée avec deux tours de presse.

131 — Le Repos des faucheurs, d'après A. Van de Velde (139).

Très-belle épreuve avant que le trait carré ait été repris à la pointe; la partie supérieure a des lacunes; elle a de la marge. Rare.

132 — Les Grands Charlatans, d'après K. Dujardin (140).

Très-belle épreuve avant l'astérique; elle est sur papier de Chine. Rare.

133 — Deux femmes et un jeune garçon près d'un lavoir où coulent les eaux d'une fontaine, d'après N. Poussin (141).

Très-belle épreuve.

134 — Pâtre jouant du flageolet, près d'une bergère qui gardes des chèvres, d'après Cl. Lorrain (142).

Très-belle épreuve.

135 — La Grande forêt.

Ancienne épreuve.

136 — Petits paysages, le Joueur de vielle, études de têtes. Dix pièces.

Anciennes épreuves.

BOL (Ferdinand)

137 — La Famille (B. 4). (Cl. 4).

Ancienne épreuve.

138 — Vieillard à barbe frisée, appuyé sur une canne (B. 9). (Cl. 9).

Superbe épreuve.

139 — Portrait d'homme (B. 12). (Cl. 13).
Très-belle épreuve.

140 — La Femme à la poire (B. 14). (Cl. 16).
Belle épreuve.

BOLSWERT (SCHELTE-A.)

141 — Le Couronnement d'épines, d'après Van Dyck.
Magnifique épreuve du premier état, avant les contre-tailles au vêtement et à la jambe gauche du second soldat qui est debout à la droite de l'estampe; elle a une marge de 20 millim. tout autour. Extrêmement rare à trouver de cette beauté.

142 — Christ en croix, aux pieds duquel sont saint Dominique et sainte Catherine, d'après Van Dyck.
Copie en contrepartie avant la lettre.

143 — Jésus en croix entre les deux larrons, d'après Van Dyck.

144 — La Marche de Silène, d'après Van Dyck.
Belle épreuve.

145 — Mercure et Argus, d'après J. Jordaens (Basan, 15).
Superbe épreuve du premier état, avant l'adresse de *Bloteling*.

147 — Jupiter enfant nourri par la chèvre Amalthée, d'après J. Jordaens. (Basan, 20).
Très-belle épreuve du premier état, avant l'adresse de *Bloteling*.

BONNARD (C.), 1821

146 — Entrée du Palais de Justice de Florence.
Belle épreuve.

BONNINGTON (R.-P.)

148 — Vue de Bologne.
Belle épreuve sur Chine.

BOOM (A.-H.-V.)

149 — Le Hameau (B. 1). — La Pièce d'eau (B. 2). Deux estampes.
Très-belles épreuves.

150 — Paysage; sur le devant, on voit un cheval, deux chiens et deux hommes; à gauche, un grand arbre atteignant le bord supérieur de la planche; à droite des rochers. — Pièce inconnue à Bartsch et à Weigel.

L. 610 mill. H. 530 mill.

Très-belle épreuve, extrêmement rare.

BOSSE (ABRAHAM)

151 — Le Départ de l'enfant prodigue (G. D. 34).
Superbe épreuve avec l'adresse de Leblond.

152 — Le Festin du mauvais riche (40.)
Très-belle épreuve avec l'adresse de Leblond.

153 — Visiter les prisonniers (53).
Très-belle épreuve avec l'adresse de Leblond.

154 — Michel Larcher (554).
Superbe épreuve avant toutes lettres. Très-rare.

155 — L'Été (1083).
Superbe épreuve avec l'adresse de Leblond.

156 — L'Hiver (1085).
Superbe épreuve avec l'adresse de Leblond.

157 — Le Pape Urbain VIII, bénissant deux religieux de l'ordre de Saint-Augustin (1229).
Très-belle épreuve.

158 — La Dame réformée (1357).
Très-belle épreuve. B

159 — Un Jeune seigneur assis, jouant du luth (1362).
Belle épreuve. B

160 — Un Berger tenant une houlette (1366). — Une Villageoise se rendant au marché (1367). — Une Femme portant un pot de lait sur sa tête (1368). Trois estampes. B
Belles épreuves avec l'adresse de Leblond.

2

161 — Le Contrat (1374).
Très-belle épreuve avec l'adresse de Leblond.

162 — La Visite à l'accouchée (1378).
Belle épreuve.

163 — La Visite à la nourrice (1379).
Belle épreuve.

164 — La Femme de chambre, d'ap. A. Bosse, gravée par. Couway.
Très-belle épreuve.

BOTH (J.)

165 — Les Paysages en hauteur. Suite de quatre estampes (B. 1 à 4).
Belles épreuves; les nos 2 et 3 sont avec l'adresse de Matham.

166 — Le Pont de pierre (B. 5).
Très-belle épreuve du premier état, avant le nom du maître.

167 — Les Paysages en largeur. Suite de six estampes (B. 5-10).
Belles épreuves du troisième état, avec le nom du maître.

168 — Quatre pièces doubles de la suite précédente et une de la première.
Épreuves avant les numéros.

BOSSI (B.)

169 — Différentes études de têtes. 18 p.
Belles épreuves.

BOULOGNE (Louis de)

170 — Cinq pièces tirées du livre de portraiture.

BOURDON (Sébastien)

171 — Le Retour de Jacob (R. D. 1), 1er état. — L'Enfant Jésus foulant aux pieds le péché (16). — Sainte Famille (19). — La Vierge à la terrasse (20). Copie. Quatre estampes.

172 — Fuite en Égypte (R. D. 25). — Repos en Égypte (26).
Belles épreuves du premier état.

BOUT (Pierre)

173 — Les Marchandes de poissons (B. 1).
Belle épreuve.

174 — Les Patineurs (B. 2).
Très-belle épreuve.

175 — Les Chasseurs (B. 4).
Belle épreuve.

BOYVIN (R.)

176 — Deux dessins de coupes. — Vase. 3 pièces.
Belles épreuves.

BRAUWER (Adrien)

177 — Paysan bourrant sa pipe.
Très-belle épreuve.

178 — Autre Paysan vu à mi-corps et de face ; il est coiffé
d'une toque.
Très-belle épreuve.

179 — Paysan coiffé d'un chapeau ; il tient de ses deux
mains une cruche.
Très-belle épreuve.

BREBIETTE (N.)

180 — Bacchanale, martyre d'un saint, d'ap. Véronèse.
Deux estampes.

BREENBERG (B.)

181 — Une Jeune femme devant trois satyres (B. 20).
Superbe épreuve.

BRETEUIL (Jacques-Louis, Comte de)

182 — Berger jouant de la musette en gardant son troupeau.
Épreuve d'eau-forte pure avant toutes lettres, plus une épreuve avec la
lettre.

BRICKMANN (Philippe-Jérôme)

183 — Trois paysages.
Belles épreuves.

BRIZIO (François)

184 — La Vierge assise au pied d'un arbre, d'après An.
Carrache.
Belle épreuve.

185 — La Vierge à l'écuelle, d'après Corrége (B. 4).
Belle épreuve du premier état

BUSCA (Antoine)

186 — Allégorie représentant un poète couronné et assis
au milieu de guerriers et autres personnages.
Belle épreuve.

BURANI (François)

187 — Silène (B. 1).
Belle épreuve.

BYE (Marc de)

188 — Les Lions. Suite de huit estampes (B. 49-56).
Belles épreuves avec l'adresse de N. Visscher.

189 — Différentes chèvres et moutons. Suite de huit
estampes.
Belles épreuves.

190 — Vaches, bœufs, moutons et ours.
Vingt-six pièces.

CABEL (Adrien van der)

191 — Paysages (B. 25 et 30).
Belles épreuves du deuxième état.

192 — Le Chariot (B. 29).
Très-belle épreuve du premier état, avant le numéro.

CALETTI (Joseph), dit le Crémonèse

193 — David portant la tête de Goliath (B. 2).
Épreuve doublée.

194 — David portant la tête de Goliath (B. 3).
Belle épreuve.

195 — Samson et Dalila (B. 4).
Très-belle épreuve.

196 — Saint Roch (B. 5).

Première épreuve avant le nom : S. Rocco.

197 — Les Princes de Ferrare. Suite de quatorze estampes dont nous n'avons que neuf (B. 11-24) ; il manque les nᵒˢ 13, 14, 15, 23 et 24.

Belles épreuves. Rares.

198 — Un Saint évêque.

Très-belle épreuve.

CALLOT (JACQUES)

199 — Les Mystères de la Passion de Notre-Seigneur (M. 31-36).

Épreuves coupées ; il manque le titre.

200 — La Sainte-Famille à table (M. 65).

Belle épreuve du premier état.

201 — La Tentation de saint Antoine (M. 139).

Superbe épreuve du 1ᵉʳ état, avec seulement dix rosettes dans les armoiries, au lieu de vingt et une que l'on voit dans les épreuves du 3ᵉ état, avec le mot *cacois* pour *cæccis* dans le premier vers ; à gauche des armes avec le mot *vol* pour *tol*, au commencement du quatrième vers de la même colonne. Extrêmement rare.

202 — La même estampe.

Très-belle épreuve du 3ᵉ état, avant un trait échappé dans le haut de la composition.

203 — Débarquement de troupes (M. 533).

1ᵉʳ et 2ᵉ états.

204 — La grande Foire de Florence (M. 624).

Ancienne épreuve.

205 — La petite Treille (M. 710).

Belle épreuve.

206 — La grande Chasse (M. 711).

Superbe épreuve du 1ᵉʳ état, on aperçoit très-distinctement la petit chasse. Elle a de la marge.

207 — La petite Vue de Paris (M. 712).

Très-belle épreuve du 1ᵉʳ état, avant la vue du Pont-Neuf.

208 — La même estampe.

Belle épreuve du 2e état.

209 — La même estampe, plus deux copies.

210 — Tentation de saint Antoine, massacre des Inno-
cents, etc. 8 p.

CAMASSEI (André)

211 — La Sainte-Vierge et saint Jean (B. 1).

Belle épreuve; elle est mal conservée.

CAMPEN (J. van)

212 — Buste de vieille femme, elle est vue-de-profil, diri-
gée vers la gauche et elle a la main droite appuyée sur
un livre.

Très-belle épreuve.

CAMPO (G.)

213 — Figure d'Amour pour un angle de plafond.

CANAL (Gio.-Antonio), dit Canaletto

214 — Vues de Venise. 23 p.

Belles et anciennes épreuves.

CANTARINI (Simon), dit le Pesarese

215 — Repos en Egypte (B. 3). — Repos en Egypte (B. 6).
et une contre-épreuve.

Belles épreuves.

216 — Sainte Famille (B. 12). — Sainte Famille (B. 13).

Deux estampes. Belles épreuves.

217 — Sainte Famille (B. 14). — La Vierge, l'Enfant Jésus
et saint Jean (B. 15).

Deux estampes.

218 — La Vierge avec l'Enfant Jésus (B. 18).

Très-belle épreuve.

219 — Portement de croix (B. 20). — Saint Jean Baptiste
dans le désert (B. 23), copie. — Saint-Sébastien (B. 24).

Trois estampes. Belles épreuves.

220 — Le grand saint Antoine de Padoue (B. 25).
Très-belle épreuve.

221 — Le petit saint Antoine de Padoue (B. 26).
Belle épreuve.

222 — Le petit saint Jean Baptiste dans le désert.
Belle épreuve. Pièce rare.

223 — L'Ange gardien (B. 28).
Belle épreuve.

224 — Le *Quos ego* (B. 29).
Belle épreuve du 2ᵉ état.

225 — Mercure et Argus (B. 31).
Belle épreuve.

226 — Vénus et Adonis (B. 33).
Belle épreuve.

227 — La Fortune (B. 34).
Première épreuve avant l'adresse.

CANUTI (D.-M.)

228 — La Vierge du rosaire (B. 1).
Deuxième épreuve, inconnue à Bartsch, avec la marge inférieure coupée.

229 — Saint François d'Assise (B. 2).
Belle épreuve.

CARPIONI (Jules)

230 — La Vierge lisant (B. 5).
Première épreuve avant l'adresse de *Cadorin*.

231 — L'hommage du petit saint Jean (B. 7). — La Vierge
prenant l'Enfant Jésus au berceau (B. 8).
Deux estampes.

232 — Sainte Madeleine (B. 10).

233 — Saint Antoine de Padoue (B. 11).
Belle épreuve.

234 — Saint Jérôme (B. 12).
Belle épreuve.

1.50 235 — La Terre. — Le Feu (B. 16 et 18).
Belle épreuve.

3.50 236 — Danse d'enfants (B. 19 et 20).
Belles épreuves.

CARRACHE (Louis)

7.10 237 — La sainte Vierge aux anges (B. 2).
Très-belle épreuve du 1er état, avec la seule adresse de *P. Stephanony*.

1.25 238 — La Vierge et saint Joseph (B. 4).
Belle épreuve.

CARRACHE (Augustin)

2.50 239 — La Sainte Vierge, d'après J. Ligozzi (B. 34); avec la copie.

240 — Saint François recevant les stigmates (B. 68). — Saint Jérôme (B. 75). — Le corps mort de Jésus-Christ (B. 102). 3 pièces.

8 241 — Saint Jérôme, d'après F. Vanni (B. 74).
Belle épreuve.

3.75 242 — Un satyre regardant une femme endormie (B. 112). — Le vieillard et la courtisane (B. 114).
Deux estampes.

3.75 243 — Pan dompté par l'Amour (B. 116).
Très-belle épreuve.

9 244 — Mercure et les Grâces (B. 117).
Superbe épreuve.

10 245 — Orphée retirant Eurydice des Enfers (B. 123).
Belle épreuve.

246 — Suzanne surprise par les Vieillards (B. 124).
Belle épreuve.

1.25 247 — Andromède attachée à un rocher (B. 125).
Belle épreuve.

248 — Loth commettant un inceste avec ses filles (B. 127).

249 — Un satyre surprenant une nymphe endormie (B. 128).
Très-belle épreuve.

250 — Vénus sur la mer (B. 129).
Belle épreuve.

251 — Les trois Grâces (B. 130).
Très-belle épreuve.

252 — Un Satyre considérant les beautés d'une nymphe endormie (B. 131).
Très-belle épreuve.

253 — Une Nymphe assise, posant une jambe sur l'épaule d'un petit satyre (B. 132).

254 — Un Satyre fouettant une nymphe (B. 133).
Belle épreuve.

255 — L'Eventail (B. 260).
Superbe épreuve du 1er état, avant le nom : *Augst. Carraza Inu. e fc*, à la gauche d'en bas. Rare.

CARRACHE (ANNIBAL)

256 — Suzanne (B. 1).
Belle épreuve.

257 — L'Adoration des Bergers (B. 2).
Très-belle épreuve avant l'adresse de *Nico. Van Aelst*.

258 — Le Couronnement d'épines (B. 3).
Très-belle épreuve.

259 — La Vierge accompagnée de l'Ange (B. 7).
Belle épreuve.

260 — La Vierge à l'écuelle (B. 9).
Très-belle épreuve avant l'adresse de *Nico. Van Aelst*.

261 — La même estampe.
Épreuve avec l'adresse, plus une copie.

261

262 — La Sainte Famille (B. 11). — Saint Jérôme (B. 14).
Deux estampes.

263 — La Madeleine pénitente (B. 16).
Première et belle épreuve avant les lettres P. S. F.

264 — Jupiter et Antiope (B. 17).
Belle épreuve.

265 — La Soucoupe (B. 18).
Belle épreuve.

266 — La Vierge au corbeau blanc (B. 4 des pièces faussement attribuées à An. Carrache.)
Première épreuve avant l'inscription dans la marge d'en bas; elle est signée au verso : P. Mariette 1670.

267 — Les trois Rois (B. 1 des pièces faussement attribuées à Ann. Carrache.)
Très-belle épreuve.

CASTIGLIONE (Gio.-Benedetto), dit le Benedetto

268 — La Vierge à genoux près de la crèche (B. 17).
Très-belle épreuve.

269 — Dieu le Père considérant son Fils nouvellement né (B. 11).
Très-belle épreuve.

270 — Satyre assis au pied d'un Terme. — Pan assis vis-à-vis d'un vase (B. 17 et 18).
Très-belles épreuves.

271 — Le génie de B. Castiglione (B. 23).
Belle épreuve.

272 — Le Portrait de B. Castiglione (B. 31).
Très-belle épreuve.

273 — Têtes d'hommes coiffées à l'Orientale (B. 45, 49 et 50). 3 p.
Belles épreuves.

CAUCKERKEN (Corneille van)

274 — La Charité, d'après Van Dyck.
Belle épreuve.

CAVEDONE (Jacques)

275 — La Sainte Vierge, sainte Anne et sainte Catherine
(B. 2). — Sainte Famille. — Repos en Égypte, 2 p.
attribuées à J. Cavedone.

CHALON (J.)

276 — Trois Études de tête.
Belles épreuves tirées sur papier du Japon.

CHEVALIER (J.-A.)

277 — Nouveau cahier de charges à l'eau-forte, par Jean-
Alexandre Chevalier, 1770.
Dix petites pièces très-spirituellement gravées à l'eau-forte; elles ont toute
leur marge.

CHRIST (Jean-Frédéric)

278 — Portrait de Jérôme Gardani, médecin et philosophe;
il est en buste sur une tablette où sont deux têtes
d'hommes.
Belle épreuve.

CLARUS (F.)

279 — Mars et Vénus entourés d'Amours.

CLAUSSIN (Ch. de)

280 — Deux feuilles d'Études de moutons.
Premières épreuves.

COCHIN (R.)

281 — Les Noces de Cana, d'après P. Véronèse.
Belle épreuve.

COLLAERT (Jean)

282 — Albert, archiduc d'Autriche et Isabelle-Claire-Eugénie, en pied, d'après Otho Venius. Deux pièces.
Belles épreuves.

283 — Ferdinand, comte palatin du Rhin, duc de Bavière.
Très-belle épreuve.

COLLIGNON (J.)

284 — Saint Antoine de Padoue, d'après le Guerchin.
Belle épreuve.

CORNEILLE (J.-B.)

285 — La chaste Suzanne, d'après Annibal Carrache (R.
D. 5).
Très-belle épreuve du 1ᵉʳ état, avant l'adresse de *P. Mariette.*

COURTOIS (G.)

286 — La Peste ou l'Ensevelissement des morts (R. D. 1).
Belle épreuve.

COURTOIS (J.), dit le Bourguignon

287 — Scènes militaires (R. D. 1, 3, 4, 5, 7, 8).
Six pièces.

COYPEL (Antoine)

288 — Pan vaincu par les Amours (R. D. 10).
Belle épreuve du 1ᵉʳ état.

CRESPI (Antonio)

289 — Effigie de saint Geminiano, que l'on vénère à la ca-
thédrale de Modène.
Joli portrait gravé à l'eau-forte.

CRANACH (Lucas)

290 — La Pénitence de saint Chrysostôme (B. 1).
Très-belle épreuve.

291 — Les deux ducs de Saxe (B. 2).
Superbe épreuve. Collection W. Esdaile. Très-rare de cette qualité.

CRESPI (Joseph-Marie), dit Spagnuolo

292 — La Nourrice favorite de Van Dyck. — Pièce que
Bartsch cite d'après Gori, et qu'il n'a pas eu occasion de
voir.
Très-belle épreuve.

CRETI (D.)

293 — Portrait de Sbarale, docteur-médecin, dans un médaillon ornementé.
Jolie pièce à l'eau-forte.

CUYP (ALBERT)

294 — Sept morceaux en travers représentant des bœufs et des vaches dans des prairies ; plus le titre. Huit estampes.
Belles épreuves.

DALEN (CORNEILLE VAN)

295 — La Vierge donnant le sein à l'Enfant Jésus, d'après G. Flinck.
Superbe épreuve du 1er état, avec l'adresse de *Bloteling* ; elle a de la marge.

296 — Pierre Arétin ; Jean Boccace ; Georges Barbarelli, dit le Giorgion ; Sébastien del Piombo. Quatre portraits d'après le Titien.
Superbes épreuves avant toutes lettres ; elles ont une belle marge.

297 — François Delboo Sylvius, professeur de médecine à Leyde.
Superbe épreuve.

DANCKERTS (DANKER)

298 — Sujets d'animaux, d'après Berghem. Suite de quatre estampes.
Très-belles épreuves avec l'adresse de l'auteur, qui plus tard a été remplacée par celle de Clément de Jonghe.

299 — Autre suite de quatre sujets d'animaux d'après Berghem.
Très-belles épreuves du même état que la suite précédente.

DASSONVILLE (J.)

300 — L'Opérateur (R. D. 20). — Le Bâtiment délabré (R. D. 30).
Belles épreuves.

DAULLÉ (Jean)

301 — Jean-François de Chastenay, marquis de Puységur, maréchal de France, d'après Tournière.
Très-belle épreuve avant toutes lettres; elle a de la marge. Rare.

DAVEN (Léo)

302 — Hercule amoureux d'Omphale, d'après le Primatice (B. 55). — Jeune homme buvant de l'eau, d'après le même (B. 61).
Deux estampes.

DELAUNE (Étienne)

303 — Arabesques et dessins de bijouterie.
16 Pièces.

DELFF (Guillaume)

304 — Gaspard de Coligny, maréchal de France, d'après Mireveld.
Superbe épreuve.

DE MARNE (J.-L.)

305 — Paysage.
Belle épreuve.

DENON (D.-V.)

306 — Son portrait, portraits d'hommes et de femmes, croquis, paysages, sujets d'après le Guerchin, etc. Cent quarante-cinq pièces.
Premières et belles épreuves.

DESROCHERS (Excudit)

307 — Anne-Jules de Noailles, maréchal de France, d'après de Troye.
Belle épreuve.

DIÉTRICH ou DIÉTRICY (Ch.-W.)

308 — Le Rémouleur et le Savetier, composition en hauteur, imitée d'Adr. van Ostade.
Très-belle épreuve du 1er état, avant la plume au chapeau du rémouleur. Rare.

309 — Le Marchand de lunettes. Composition de cinq figures, imitée d'Adr. van Ostade.

Belle épreuve avant le n° 67.

310 — Le Charlatan entouré de gens de la campagne. Composition de vingt-cinq figures dans le goût d'Adr. van Ostade.

Très-belle épreuve du 1er état, avant le n° 79.

311 — Les Musiciens ambulants. Composition de six figures, imitée d'Adr. van Ostade.

Belle épreuve avant le numéro.

312 — Vieillard dans un fauteuil dirigé vers la gauche.

Très-belle épreuve.

313 — Le Port de mer. — L'Hermitage. — La vieille Tour. — Le vieux Pont de pierre avec porte ruinée. — Vues de rivières et sites agrestes. Cinq pièces.

Très-belles épreuves avant les numéros.

DREVET (Pierre)

314 — Hyacinthe Rigaud, d'après lui-même.

Superbe épreuve du 1er état, avant toutes lettres. Très-rare.

315 — Le même Portrait.

Belle épreuve avec la lettre.

316 — François de Troy, peintre, d'après lui-même.

Superbe épreuve avant toutes lettres; elle a de la marge. Très-rare.

DREVET (Pierre-Imbert)

317 — Fénelon de la Mothe, archevêque de Cambrai, d'après Vivien.

Très-belle épreuve.

318 — Louis de la Vergne de Tressan, archevêque de Rouen, à genoux aux pieds de la Vierge. Estampe connue sous le nom du *Petit Bréviaire*.

Superbe épreuve du 1er état, avant toutes lettres.

DUCERCEAU (Jacques-Androuet)

319 — Dessin d'une coupe avec son couvercle.
Belle épreuve.

DUCHANGE (G.)

320 — Jupiter et Io, d'après le Corrège.
Belle épreuve avant la lettre.

DUFLOS (Cl.)

321 — Charles de La Porte, duc de la Meilleraye.
Belle épreuve.

DURER (Albert)

322 — La face de Jésus-Christ (B. 25).
Magnifique épreuve.

323 — La face de Jésus-Christ (B. 26).
Très-belle épreuve avant les taches de rouille; elle a une petite marge.

324 — La Vierge assise embrassant l'Enfant Jésus (B. 35).
Magnifique épreuve.

325 — La Vierge donnant le sein à l'Enfant Jésus (B. 36).
Très-belle épreuve; elle a une petite marge.

326 — La Vierge à la poire (B. 41).
Superbe épreuve; elle a une petite marge.

327 — Les cinq disciples de Jésus-Christ. Suite de cinq
estampes : saint Philippe, saint Barthélemy, saint Thomas, saint Simon et saint Paul (B. 46 à 50).
Très-belles épreuves de la même égalité de ton; elles sont signées et da-
tées au verso par P. Mariette.

328 — Saint Christophe à la tête retournée (B. 51).
Très-belle épreuve; elle a une petite marge.

329 — Saint Christophe (B. 52).
Très-belle épreuve; elle a une petite marge.

330 — Saint Antoine (B. 58).
Magnifique épreuve.

331 — La même estampe.
Belle épreuve.

332 — Sainte Geneviève (B. 63).
Superbe épreuve.

333 — La Sorcière (B. 67).
Très-belle épreuve.

334 — Le Ravissement d'une jeune femme (B. 72).
Très-belle épreuve tirée avant les taches de rouille.

335 — La Mélancolie (B. 74).
Très-belle épreuve.

336 — Le Groupe des quatre femmes nues (B. 75).
Magnifique épreuve.

337 — L'Oisiveté (B. 76).
Magnifique épreuve.

338 — La grande Fortune (B. 77).
Magnifique épreuve.

339 — La Justice (B. 79).
Superbe épreuve.

340 — Le Paysan et sa Femme (B. 83).
Très-belle épreuve.

341 — L'Hôtesse et le Cuisinier (B. 84).
Magnifique épreuve; elle a une petite marge; collection R. Dumesnil.

342 — Le Paysan du marché (B. 89).
Superbe épreuve.

343 — Le Violent (B. 92).
Belle épreuve.

344 — Albert de Mayence, vu de profil (B. 103).
Très-belle épreuve.

345 — Frédéric, électeur de Saxe (B. 104).
Très-belle épreuve.

346 — Philippe Mélanchton (B. 105).
Très-belle épreuve.

347 — La Sainte Trinité (B. 122). Pièce gravée sur bois.
Très-belle épreuve.

348 — La Nativité (B. 2) copie par J. Wierix. — La Sainte
Face (B. 25). — La Vierge donnant le sein à l'Enfant
Jésus (B. 30). — La Sainte Famille (B. 43).
Quatre copies.

DUVET (Jean), dit le Maître a la Licorne

349 — Saint Sébastien, saint Antoine et saint Roch (B. 10).
R. D. 20.
Très-belle épreuve. Extrêmement rare. Collection de Fries.

PORTRAITS GRAVÉS A L'EAU-FORTE PAR ANT. VAN DYCK

Pour le classement, nous avons suivi l'ordre numérique des états adoptés
par MM. Carpenter et Weber des Catalogues qu'ils ont publiés sur
l'Œuvre de ce maître.

350 — Breughel (Jean), dit de Velours (C. 1) W. 1.
Très-belle épreuve du 3e état avec les lettres G. H.

351 — Le même Portrait.
Belle épreuve du 5e état; elle a toute sa marge.

352 — Breughel (Pierre), dit le Drôle (C. 2). W. 2.
Superbe épreuve du 1er état, à l'eau-forte pure et avant toute lettre;
elle est à toute marge. Extrêmement rare de cette condition.

353 — Le même Portrait.
Belle épreuve du 4e état.

354 — Cornelissen (Antoine) (C. 3). W. 3.
Très-belle épreuve tirée sur papier à la folle.

355 — Le même Portrait.
Belle épreuve; elle est à toute marge.

356 — Dyck (Antoine van). (C. 4). W. 4.
Très-belle épreuve du 3e état de la planche terminée par J. Neefs; elle a
toute sa marge.

357 — Erasme (Didier). (C. 5). W. 5.

Très-belle épreuve du 4e état ; elle a toute sa marge.

358 — Frank (François) (C. 6). W. 6.

Très-belle épreuve avec le nom du personnage écrit Uranx, et dont on ne peut préciser l'état; la marge étant coupée à la hauteur de l'inscription.

359 — Le même Portrait.

Belle épreuve du 6e état; elle a toute sa marge.

360 — Le Roy (Philippe, baron). (C. 10) W. 7.

Superbe épreuve du 4e état, avant la lettre, avant les armes et avant la chaîne au cou du personnage. Extrêmement rare.

361 — Momper (Josse de). (C. 7). W. 8.

Superbe épreuve du 1er état, avant toutes lettres; elle a toute sa marge. Extrêmement rare.

362 — Le même Portrait.

Belle épreuve du 5e état; elle est doublée.

363 — Le même personnage, gravé une seconde fois (C. 7 b). W. 9.

Belle épreuve; elle a toute sa marge.

364 — Oort (Adam van). (C. 8). W. 10.

Belle épreuve du 5e état; elle a toute sa marge.

365 — Snellinx (Jean). (C. 11). W. 12.

Superbe épreuve du 1er état, avant toutes lettres; elle a toute sa marge. Extrêmement rare.

266 — Le même Portrait.

Belle épreuve du 5e état; elle est à toute marge.

367 — Le même personnage, gravé une seconde fois (C. 11 b). W. 13.

Belle épreuve du 5e état; elle a toute sa marge.

368 — Snyders (François). (C. 12). W. 14.

Très-belle épreuve du 3e état, avec les initiales G. H. Rare; elle est à toute marge.

369 — Stevens (Pierre) (C. 13). W. 15.
Belle épreuve du 4e état; elle a toute sa marge.

370 — Suttermans (Juste). (C. 14) W. 16.
Superbe épreuve du 1er état, avant toutes lettres; elle a toute sa marge. Extrêmement rare.

371 — Le même Portrait.
Très-belle épreuve du 3e état, avec le nom du personnage écrit : *Citermans* et avec les lettres G. H. Très-rare.

372 — Triest (D. Antoine). (C. 15). W. 17.
Très-belle épreuve du 4e état, avec les initiales G. H.; elle a toute sa marge.

373 — Vosterman (Lucas). (C. 16). W. 18.
Superbe épreuve du 1er état, avant toutes lettres. De la plus grande rareté. Collection J. Barnard.

374 — Le même Portrait.
Belle épreuve du 5e état; elle a toute sa marge.

375 — Vos (Guillaume de). (C. 17). W. 19.
Superbe épreuve du 2e état, avant la lettre. Extrêmement rare. Collection d'Arozarena; elle a une petite marge.

Nota. — On ne connaît qu'une seule épreuve du 1er état a l'eau-forte pure; elle est au musée Britannique.

376 — Le même Portrait.
Belle épreuve du 4e état.

377 — Vos (Paul de) (C. 18). W. 19.
Superbe épreuve du 1er état, avant la lettre. De la dernière rareté.

378 — Le même Portrait.
Très-belle épreuve du 2e état, avec le titre en une seule ligne, avant quantité de travaux, notamment sur l'épaule droite du personnage, la manche du bras gauche et sur les deux mains. Extrêmement rare.

379 — Le même Portrait.
Belle épreuve du 5e état; elle a toute sa marge.

380 — Wael (Jean de) (W. 19). Cl. 21.
Belle épreuve du 5e état; elle a toute sa marge.

381 — Ponlius ou Du Pont (Paul) (C. 9). W. 11.

Très-belle épreuve du 5e état, avec les initiales G. H.; elle a toute sa marge.

382 — Wawerius ou vanden Wouwer (Chevalier Jean). (C. 20). W. 22.

Superbe épreuve du 1er état de la planche terminée par P. Pontius, avant le nom du graveur et avec le titre en une seule ligne. Très-rare.

383 — Le même Portrait.

Belle épreuve du 5e état; elle a toute sa marge.

384 — Le Christ couronné d'épines (C. 21).

Belle épreuve du 4e état.

385 — Le Titien et sa maîtresse, d'après Le Titien (C. 22).

Superbe épreuve du 1er état de la planche terminée, avant le nom du peintre, le privilége et l'adresse de *Bon Enfant*.

387 — La même estampe.

Belle épreuve avec l'adresse.

PORTRAITS GRAVÉS pour L'ÉDITEUR MARTIN VANDEN ENDEN

Formant la célèbre Collection connue sous le titre d'*Iconographie* de VAN DYCK.

Les numéros entre parenthèses se rapportent au Catalogue de Weber.

Tous les Portraits de cette série, ainsi que ceux des autres, sont avec grandes marges et très-beaux d'épreuves.

388 — Titre pour l'édition des portraits d'après van Dyck, publiée par *Gillis Hendricx*.

L'inscription : *Icones principum virorum doctorum pictorum chalcographorum statuariorum nec non amatorum pictoriœ artis ar Antonio van Dyck ad virum expressœ* se trouve dans un cartouche d'ornements reposant sur un socle; le tout entouré d'un filet gravé. Au dessous le nom : *Antuerpiœ*; à droite, *Gillis Hendricx excudit*. Ce titre de la plus haute rareté n'a été décrit par aucun chalcographe.

BOLSWERT (Schelte A.)

389 — Aremberg (Albert, comte d') (2)

390 — Barbe (Jean-Baptiste) (3).

391 — Brouwer (Adrien) (4).

392 — Lipse (Juste) (5)

393 — Pepyn (Martin) (6).

394 — Uranex (Sébastien) (7).
Très-belle épreuve du 3e état avec ces initiales G. H.

395 — Marguerite de Lorraine, femme de Gaston d'Orléans (8).
Très-belle épreuve du 3e état avec les initiales G. H.

DELF (Guillaume)

396 — Mirevelt (Michel) (9).

GALLE (C.)

397 — Wolfart (Artus) (10).

HONDIUS (G.)

398 — Franck (François). (11)

399 — Hondius (G.). (12)
Très-belle épreuve du 3e état, avec les initiales G. H.

JODE (Arnould de)

400 — Howard (Lady Catherine) (13)
Superbe épreuve avec l'adresse de Martin Vanden Enden.

JODE (Pierre de), dit le Vieux

401 — T'serclaes de Tilly (Jean) (14)

JODE (Pierre de), dit le Jeune

402 — Coster (Adam) (15).

403 — Halmalius (Paul) (16).

404 — Jordaens (Jacques) (17).

405. — Nole (André Colyns de). (18).

406 — Polenburg (Corneille) (19).

407 — Puteanus (Erycus) (20).

408 — Tuldenus (Diodore) (23).

409 — Wallenstein (Albert, comte de) (24).

410 — Urphé (Geneviève d') (25).
Très-belle du 3e état, avec les initiales G. H.

LAUWERS (Nicolas)

411 — Blancatio (frère Lelio) (26).

PONTIUS (Paul)

412 — Balen (Henri Van) (27).
Très-belle épreuve du 3e état, avec les initiales G. H.

413 — Bazan (Don Alvar) (28).

414 — Breuck (Jacques de) (29).

415 — Colonne ou Colonna (don Charles) (30).
Magnifique épreuve du 1er état, avant le changement au commencement de la seconde ligne, et avec l'adresse de Martin Vanden Enden.

416 — Crayer (Gaspard de) (31).

417 — Frockas Perera et Pimentel (don Emmanuel) (32).

418 — Geest (Corneil Vander) (33).

419 — Gevartius (Gaspar) (34).

420 — Gusman (don Diego Philippe de) (35).

421 — Gustave Adolphe, roi de Suède (36).

422 — Honthorst (Gerard) (37).
Très-belle épreuve du 4e état, avec les initiales G. H.

423 — Hugens (chevalier Constantin) (38).
Très-belle épreuve du 2e état, avec les initiales G. H.

424 — Miraeus (Aubert) (39).

425 — Mytens (Daniel) (40).

426 — Nassau (Jean, comte de) (41).

427 — Palamedes (Palamedesz) (42).

428 — Pontius (Paul) (43).

429 — Ravestein (Jean Van) (44).

430 — Rombouts (Théodore) (45).
Très-belle épreuve du 3e état, avec les initiales G. H.

431 — Rubens (Pierre-Paul) (46).

432 — Scaglia (César-Alexandre) (47).

433 — Savoye (François-Thomas de) (48).

434 — Seghers (Gérard) (49).

435 — Stalbent (Adrien Van) (50).

436 — Steenwyk (Henri) (51).

437 — Vanloon (Théodore) (52).
Très-belle épreuve du 3e état, avec les initiales G. H.

438 — Vos (Simon de) (53).

439 — Wildens (Jean) (54).

440 — Marie de Médicis (56).

STOCK (Andrè)

441 — Snayers (Pierre) (57).

VAN VOERST (Bobert)

442 — Digbi (sir Kenelme) (58).

443 — Jones (Inigo) (59).

444 — Voerst (Robert Van) (60).
Très-belle épreuve du 3e état, avec les initiales G. H.

445 — Vouet (Simon) (61).

VOSTERMAN (Lucas)

446. — Cachiopin (Jacques de) (62).

447. — Callot (Jacques) (63).

448. — Cocberger (Venceslas) (64).
Superbe épreuve du 1er état, avant le nom du graveur et avec l'adresse de Martin Vanden Enden.

449. — Delmont (Deodat) (66).
Très-belle épreuve du 3e état, avec les initiales G. H.

450. — Dyck (Antoine Van) (67).

451. — Eynden (Hubert Vanden) (68).

452. — Gallo (Théodore) (69).

453. — Gaston de France, duc d'Orléans (70).

454. — Gentileschi (Horace-Lomi, dit) (71).

455. — Jode (Pierre de, dit le Vieux) (72).

456. — Livens (Jean) (73).

457. — Mallery (Charles de) (74).

458. — Mildert (Jean Van) (75).

459. — Peirese (Nicolas-Fabrice de) (77).

460. — Sachtleven (Corneille) (78).

461. — Schut (Corneille) (79).

462. — Spinola (don Ambroise) (80).

463. — Uden (Lucas Van) (82).

464. — Vos (Corneille de) (83).

PORTRAITS GRAVÉS POUR L'ÉDITEUR GILLIS HENDRICK

BOLSWERT (Schelte-A.)

465 — Ertvelt (André Van).

466 — Ruthven (lady Mary).
Très-belle épreuve du 2ᵉ état, avec les initiales G. H.

CLOUET (Pierre)

467 — Holland (Henry Rich, comte de).
Très-belle épreuve du 2ᵉ état.

JODE (Pierre de), dit le Jeune

468 — Jode (Pierre de).

469 — Blois (Jeanne de).

NEEFFS (Jacques)

470 — Ryckaert (Martin).

471 — Tassis (Antoine de).
Très-belle épreuve du 1ᵉʳ état, avec les initiales G. H.

PONTIUS (Paul)

472 — Rockox (Nicolas).
Très-belle épreuve du 4ᵉ état.

VOSTERMAN (Lucas)

473 — Moncada (François de).
Superbe épreuve du 1ᵉʳ état, avant les mots cum privilegio, et avant les lettres G. H. Très-rare.

474 — Isabelle-Claire-Eugénie, infante d'Espagne.

475 — Wolfang Guillaume, comte palatin du Rhin.
Très-belle épreuve du 2ᵉ état, avec les initiales G. H.

COLLECTION DE PORTRAITS D'APRÈS VAN DYCK
GRAVÉS POUR L'ÉDITEUR JEAN MEISSENS.

BAILLIU (Pierre)

476 — Bourbon (Antoine de), comte de Moret.
Superbe épreuve du 1er état, avec l'adresse de J. Meyssens.

477 — Urphé (Honoré d').
Superbe épreuve du 1er état, avec l'adresse de J. Meyssens.

GALLE (Corneille), le Jeune

478 — Ferdinand III, empereur.
Superbe épreuve du 1er état, avec l'adresse de J. Meyssens.

479 — Marie d'Autriche, impératrice.
Superbe épreuve du 1er état, avec l'adresse de J. Meyssens.

480 — Henriette de Lorraine, princesse de Phalsbourg.
Superbe épreuve du 1er état, avec l'adresse de J. Meyssens.

481 — Pappenheim (Godefroy-Henri, comte de).
Superbe épreuve du 1er état, avec l'adresse de J. Meyssens.

482 — Taló (Engelbert).
Superbe épreuve du 1er état, avec l'adresse de J. Meyssens.

JODE (Pierre de)

483 — Cusance (Beatrix de), princesse de Cante-Croye.
Superbe épreuve du 1er état, avec l'adresse de J. Meyssens.

484 — Montfort (Jean de).
Superbe épreuve du 1er état, avec l'adresse de J. Meyssens.

NEEFFS (Jacques)

485 — Barlemont (Marie-Marguerite de), comtesse d'Egmont.
Superbe épreuve du 1er état, avec l'adresse de J. Meyssens.

PONTIUS (Paul)

486 — Arenberg (Marie, comtesse d').
Très-belle épreuve du 1er état, avec l'adresse de J. Meyssens.

WAUMANS (Conrad)

487 — Croy (Marie-Claire de), duchesse de Havré.
Superbe épreuve du 1er état, avec l'adresse de J. Meyssens.

488 — Orange (Frédéric-Henri, prince d').
Superbe épreuve du 1er état, avec l'adresse de J. Meyssens.

489 — Orange (Émélie de Solms, princesse d').
Superbe épreuve du 1er état, avec l'adresse de J. Meyssens.

490 — Zuniga (don Antoine).
Superbe épreuve du 1er état, avec l'adresse de J. Meyssens.

PORTRAITS DIVERS D'APRÈS ANT. VAN DYCK

ANONYME

491 — Opstal (Antoine Van).
Superbe épreuve du 1er état, avant la retouche et l'adresse.

CLOUET (Pierre)

492 — Lamen (Jean-Christophe).
Très-belle épreuve avant que la planche ait été remordue.

493 — Rogiers (Théodore).
Superbe épreuve du 1er état, avant l'adresse de J. de Man.

494 — Scribanius (Charles).
Superbe épreuve.

JODE (Pierre)

495 — Liberti (Henri).
Superbe épreuve avant que la planche ait été remordue.

LOMMELIN (Adrien)

496 — Bisthoven (Jean-Baptiste).
Très-belle épreuve du 2e état.

497 — Faille (Jean-Charles de La).
Très-belle épreuve du 2e état.

PAYNE (Jean)

498 — Ferdinand d'Autriche, infant d'Espagne.
Superbe épreuve du 1er état, avant toutes lettres. Rare.

PONTIUS (Paul)

499 — Gerbier (Balthazar).

Très-belle épreuve du 2ᵉ état, avant *P. S. excudit.*

500 — Le Roi (Philippe).

Superbe épreuve du 1ᵉʳ état, avant la lettre, avec la tête du personnage, gravée par Vosterman et avant que son monogramme ait été enlevé. Extrêmement rare.

VAN VOERST (Robert)

501 — Chrétien, duc de Brunswick.

Superbe épreuve du 1ᵉʳ état, avant toutes lettres. Extrêmement rare.

502 — Mansfeld (Ernest), prince et comte.

Superbe épreuve du 1ᵉʳ état, avant toutes lettres. Extrêmement rare.

503 — Pembroke (Philippe-Herbert), comte.

Superbe épreuve du 1ᵉʳ état, avant toutes lettres. Extrêmement rare.

VOSTERMAN (Lucas) dit LE JEUNE

504 — Vosterman (Lucas).

Superbe épreuve avant que la planche ait été remordue.

PORTRAITS D'APRÈS VAN DYCK, NON DÉCRITS PAR WEBER

BAILLIU (P. DE)

505 — Lucie-Percye, comtesse de Carlisle.

Très-belle épreuve, avec l'adresse de J. Meyssens.

BLOTELING (A.)

506 — Mirabelle (Marquis de).

Magnifique épreuve avant toutes lettres. Très-rare.

507 — Le même portrait.

Superbe épreuve avant les mots : *Et excud.*, à la suite du mot : *Sculp.*

CLOUET (Pierre)

508 — Anna Wake.

Superbe épreuve avant la lettre.

509 — Le même portrait.

Très-belle épreuve.

GALLE (C.)

510 — Frédéric Marselaer.
Superbe épreuve.

HOLLAR (W.)

511 — Charles II, roi d'Angleterre.
Très-belle épreuve, avec l'adresse de J. Meyssens.

512 — Charles-Louis, comte palatin du Rhin.
Belle épreuve.

513 — Hovard (Thomas), comte d'Arundel.
Très-belle épreuve avec l'adresse de J. Meyssens.

514 — Alatée Thalbot, comtesse d'Arundel.
Épreuve tirée sans lettres.

515 — Malderus (Jean), évêque d'Anvers.
Superbe épreuve, avec l'adresse de J. Meyssens.

516 — Portland Jérôme Wertonius (Comte de).
Superbe épreuve, avec l'adresse de J. Meyssens.

517 — Portland (Marie Stuart, comtesse de).
Superbe épreuve, avec l'adresse de J. Meyssens.

518 — Villiers (Elisabeth), duchesse de Lenox.
Superbe épreuve, avec l'adresse de J. Meyssens.

519 — Wael (Lucas et Corneille de).
Très-belle épreuve, avec l'adresse de Gillis Hendrick.

LOMMELIN (A.)

520 — Margareta Lemon.
Très-belle épreuve, avec l'adresse de J. Meyssens.

521 — Adrien Stevens.
Belle épreuve.

JODE (Pierre de)

522 — Ferdinand d'Autriche, infant d'Espagne.
Superbe épreuve, avec l'adresse de J. Meyssens.

LISEBETIUS (P. van)

523 — Jacques, marquis d'Hamilton.
Très-belle épreuve, avec l'adresse de J. Meyssens.

MEYSSENS (Jean)

524 — Charles Ier, roi d'Angleterre.
Superbe épreuve.

325 — Henriette Marie de France, reine d'Angleterre.
Superbe épreuve.

526 — Vander, Ec.
Très-belle épreuve.

NATALIS (Michel)

527 — Nassau (Ernestine, princesse de Ligne, comtesse de).
Très-belle épreuve, avec l'adresse de J. Meyssens.

PONTIUS (Paul)

528 — Raphael d'Urbin.
Très-belle épreuve, avec l'adresse de J. Meyssens.

BUCHOLLE (Pierre)

529 — Charles-Emmanuel, duc de Savoie.
Superbe épreuve, avec l'adresse de J. Meyssens.

SAYERS (Henri)

530 — Prince Robert, comte palatin du Rhin.
Très-belle épreuve, avec l'adresse de J. Meyssens.

VOSTERMAN (L.)

531 — Jean, comte de Nassau.
Très-belle épreuve.

DYCK (Daniel van den)

532 — La chaste Suzanne (R. D. 1).
Belle épreuve.

533 — La Vierge et l'Enfant Jésus (R. D. 2).
Belle épreuve.

ECHARTS (C.)

534 — Sujets d'animaux; paysages.
Trois estampes.

EDELINCK (Gérard)

535 — Philippe de Champagne, d'après lui-même (R. D. 164).
Superbe épreuve de 1er état; elle a de la marge.

536 — Descartes (René), célèbre philosophe (R. D. 181).
Très-belle épreuve du 1er état.

537 — Fabert (Abraham), maréchal de France (R. D. 199).
Très-belle épreuve.

538 — Fléchier (Esprit), évêque de Nîmes (R. D. 205).
Très-belle épreuve.

539 — Gassion (Jean de), maréchal de France (R. D. 213).
Très-belle épreuve.

540 — Grammont (Antoine, duc de), maréchal de France
(R. D. 220).
Très-belle épreuve.

541 — Harcourt (Henri de Lorraine), grand écuyer de France
(R. D. 222).
Très-belle épreuve,

542 — La Fontaine (Jean de), fabuliste illustre (R. D. 230).
Superbe épreuve.

543 — La Quintinie (Jean de), célèbre horticulteur (R. D.
236).
Très-belle épreuve.

544 — Louis XIV, roi de France, sur un char (R. D. 251).
Belle épreuve du 2e état.

545 — Louvois (François-Michel Le Tellier, marquis de),
ministre d'État (R. D. 261).
Superbe épreuve du 1er état, non décrit, avant divers travaux, notamment sur la figure de Bellone, dont l'ombre portée du bras droit n'est pas établie sur la bordure du portrait. Très-rare eu cet état.

546 — Luxembourg (François-Henri de Montmorency, duc
de), maréchal de France (R. D. 263).
Très-belle épreuve.

547 Noailles (Anne-Jules, duc de), maréchal de France
(R. D. 284).
Très-belle épreuve du 1er état.

548 — Sainte Marthe (Claude de), prêtre (R. D. 308).
Belle épreuve du 2e état.

549 — Santeuil (Jean-Baptiste), poète latin (R. D. 311).
Très-belle épreuve.

550 — Seignelay (Jean-Baptiste Colbert, marquis de), (R. D. 318).
Belle épreuve.

551 — Sousy (Michel Lepelletier, seigneur de), d'après van Oost (R. D. 322).
Très-belle épreuve.

ENFANTIN

552 — Paysages, croquis. Six pièces.
Belles épreuves tirées sur papier de Chine.

EHRENREICH (*Fecit* 1650)

553 — Polonais debout; derrière lui un homme et un chien.
Belle épreuve.

EPISCOPUS (J.)

554 — Sainte Famille entourée de saints, d'après Vasari. — Études de figures.
Deux estampes. Très-belles épreuves.

555 — Trois Moines à genoux.
Belle épreuve.

EVERDINGEN (Aldert van)

556 — La Femme regardant la nacelle (B. 75).
Très-belle et première épreuve, à l'eau-forte pure et avec la bordure faible. Rare.

557 — Différents paysages. Huit estampes.
Belles et anciennes épreuves.

FACINI (Pierre)

558 — Le Mendiant aveugle, d'après An. Carrache (B. 2).
— Jeune garçon assis regardant un singe et un chat qui se battent. — Un chien debout. Trois estampes.
Ces deux dernières pièces sont inconnues à Bartsch.

FALCK (J.)

559 — La vieille Coquette, d'après P. Lys.
Très-belle épreuve avant la lettre.

4

FALCONE (Ange)

560 — Le Tombeau (B. 13).

Belle épreuve du 1er état, avant la retouche.

FARINATI (P.)

561 — Saint Jean (B. 3). — La Charité (B. 4). — La descente de croix par H. Farinati (B. 2). Trois estampes.

Belles épreuves.

FERDINAND (L.)

562 — Nicolas Poussin peintre, d'après V. E.

Superbe épreuve ; elle a de la marge.

FIALETTI (O.)

563 — Scherzi d'Amore (Les jeux de l'Amour). Suite de quatorze pièces y compris le titre (B. 6 à 19).

Belles épreuves du 1er état, avant la retouche.

FISCHBACH (J.)

564 — Deux petits sujets d'animaux gravés à l'eau-forte.

Belles épreuves.

FLAMEN (Albert)

565 — Livre d'oiseaux dédié à messire Gilles Foucquet. Suite de douze estampes (R. D. 402-413).

Superbes épreuves du 1er état, avant l'adresse de Drevet sur le premier morceau. Rares.

566 — Diverses espèces de poissons de mer, désignés et gravés après le naturel par Albert Flamen peintre et par luy dédiés à messire Guillaume Tronson. Suite de douze estampes (R. D. 415-426).

Superbes épreuves du 1er état, avant les numéros, avant les mots : *Première partie*, et avant l'adresse de Van Merlen sur le premier morceau. Cette suite, ainsi que les quatre suivantes, ont une grande marge, et sont de la plus grande rareté à trouver de cette qualité.

567 — Seconde partie de poissons de mer, dessinés et gravés au naturel par Albert Flamen, peintre, avec privilège du Roi. Suite de douze estampes (R. D. 427-438).

Superbes épreuves du 1er état, avant les numéros et avant l'adresse de Van Merlen sur le titre.

568 — Troisième partie de poissons de mer, dédiés à messire Guillaume Tronson. Suite de douze estampes (R. D. 439-450).

Superbes épreuves du 1er état, avant l'adresse de Van Merlen, et avec le nom du maître écrit à droite sur le onzième morceau de la suite.

569 — Diverses espèces de poissons d'eau douce, dédiées à M. Foucquet, fils de monseigneur le Procureur général. Suite de douze estampes (R. D. 451-462).

Superbes épreuves du 1er état, avant les numéros et avant l'adresse de Van Merlen sur le premier morceau.

570 Seconde partie de poissons d'eau douce desseignés et gravés par Albert Flamen. Suite de douze estampes (R. D. 463-474).

Superbes épreuves du 1er état, avant les numéros et avant l'adresse de Van Merlen sur le premier morceau.

571 — Pigeons. — Cygnes, par Th. Neale. Deux estampes. Belles épreuves.

FYT (Jean)

572 — Les Chiens. Suite de huit estampes (B. 9-16). Belles épreuves.

573 — Un Bœuf. — Un Cheval (B. 2 et 3). Très-belles épreuves.

FLINCK (Govaert)

574 — Buste d'homme âgé ; il est dirigé vers la gauche et coiffé d'une calotte, au bas de la gauche : *G. Flinck fe.* 1643. Très-belle épreuve. Rare.

FOCK (Herman)

575 — Paysage. Belle épreuve.

FONTEBASSO (Fn.)

576 — Les Ames du Purgatoire enlevées au Ciel à la prière de Grégoire I, d'après L. Ricci. Belle épreuve.

FLOTNER (Paul)

577 — Ornements avec deux renards (Pass. supp. 29). Arabesques sur fond noir, 37 p.

Pièces très-rares d'ornementation.

FRAGONARD (Jean-Honoré)

578 — Quatre Bacchanales (P. de B. 6-9). Suite de quatre estampes.

Très-belles épreuves avec marges.

LA FRANCA (Don Joseph)

579 — La fuite en Egypte.

Pièce spirituellement gravée à l'eau-forte.

FRANCO (J.-B.)

580 — Melchisédech offrant du pain et du vin à Abraham (B. 5).

Première épreuve avant le nom de B. Franco.

FREY (Jean de)

581 — Isaac donnant sa bénédiction à Jacob, d'après G. Flinck.

Très-belle épreuve.

582 — Philosophe dans son cabinet, d'après Brekelenkamp.

Très-belle épreuve avant la lettre.

GALLE (C.)

583 — Juste-Lipse, d'après Rubens.

Très-belle épreuve.

GUASPRE-POUSSIN

584 — Sites de la Campagne de Rome (R. D. 5 et 7).

Très-belles épreuves du 1er état, avant l'adresse de Mauperché.

GATTI (Olivier)

585 — Une Femme peignant les armoiries de Ferdinand, duc de Mantoue.

Pièce non décrite par Bartsch; elle est signée : *Oliverius Gattus sculpsit 1610.*

GAULTIER (LÉONARD)

586 — Pierre Aerodius.
Superbe épreuve.

587 — Charles de Bourbon, comte de Soissons.
Très-belle épreuve.

588 — Charles de Lorraine, duc de Guise.
Très-belle épreuve.

589 — Buste de Louis XIII jeune, dans un médaillon ; c'est
le portrait qui se trouve dans le livre de M. de Pluvinel.
Très-belle épreuve.

590 — Etienne Pasquier, célèbre avocat.
Superbe épreuve du 1er état, avec l'inscription latine.

591 — Couronnement de la reine Marie de Médicis à Saint-
Denis.
Superbe épreuve. Très-rare.

GAZOLIS (B.)

592 — Trois sujets d'animaux (*Voyez* Brulliot T. 1, n° 940).
Belles épreuves.

GELÉE (CLAUDE), dit LE LORRAIN

593 — La Fuite en Égypte (R. D. 1).
Belle épreuve du 2e état.

594 — L'Apparition (R. D. 2).
Belle épreuve du 2e état.

595 — Le Passage du gué (R. D. 3).
Très-belle épreuve.

596 — La même estampe.
Belle épreuve.

597 — Le Troupeau à l'abreuvoir (R. D. 4).
Belle épreuve du 1er état.

598 — La Tempête (R. D. 5).
Belle épreuve du 4e état.

599 — La Danse au bord de l'eau (R. D. 6).
Très-belle épreuve du 2e état.

600 — Le Naufrage (R. D. 7).
Très-belle épreuve.

601 — La même estampe.
Belle épreuve.

602 — Le Dessinateur (R. D. 9).
Très-belle épreuve.

603 — La même estampe.
Belle épreuve.

604 — La Danse sous les arbres (R. D. 10).
Très-belle épreuve du 2ᵉ état.

605 — Le Port de mer au fanal (R. D. 11).
Très-belle épreuve.

606 — Scène de brigands (R. D. 12).
Très-belle épreuve du 3ᵉ état, avant divers travaux ajoutés sur le haut des arbres à gauche. (Collection Vanden Zande.)

607 — Le Port de mer à la grosse tour (R. D. 13).
Très-belle épreuve du 2ᵉ état.

608 — Le Pont de bois (R. D. 14).
Très-belle épreuve.

609 — Le Soleil couchant (R. D. 15).
Magnifique épreuve du 1ᵉʳ état décrit par R. Dumesnil, avant la lettre et avant le numéro. Extrêmement rare de cette beauté et de cette conservation.

610 — La même estampe.
Très-belle épreuve du 3ᵉ état.

611 — Le Départ pour les champs (R. D. 16).
Très-belle épreuve du 2ᵉ état.

612 — Le Troupeau en marche par un temps orageux (R. D. 18).
Épreuve du 1ᵉʳ état.

613 — Le Chevrier (R. D. 19).
Très-belle épreuve du 2ᵉ état, avant la retouche.

614 — La même estampe.
Belle épreuve du 3ᵉ état.

615 — Le Temps, Apollon et les Saisons (R. D. 28).
Belle épreuve du 2ᵉ état.

616 — Berger et Bergère conversant (R. D. 21).
Épreuve du 5ᵉ état.

617 — L'Enlèvement d'Europe (R. D. 22).
Belle épreuve du 1ᵉʳ état; il y a une petite restauration vers le haut de la droite de l'estampe.

618 — Le Campo Vaccino (R. D. 23).
Ancienne épreuve; elle est doublée.

GERARDINI (M.)

619 — Portrait de J.-B. Crespi (B. 51).
Très-belle épreuve.

GESSNER (S.)

620 — Paysages.
Vingt-deux pièces.

GILLOT (C.)

621 — Fête du dieu Pan.
Belle épreuve.

GIMIGNANI (Hy.)

622 — La Vierge et saint Joseph adorant l'Enfant Jésus (B. 1).
Belle épreuve.

623 — La Prise de la ville de Tournay. — La Bataille de Coventeyn (B. 26 et 27).
Deux estampes pour l'ouvrage de F. Strada.

GIORDANO (Lucas)

624 — Sainte Anne (B. 6).
Belle épreuve.

GOLTZIUS (Henri)

625 — Les Chefs-d'œuvre. Suite de six estampes (B. 15-20).
Belles épreuves.

626 — La Sainte Vierge et saint Joseph montrant aux bergers Jésus qui vient de naître (B. 21).
Très-belle épreuve du 1ᵉʳ état, avant l'année 1615.

627 — La Passion de Jésus-Christ. Suite de douze estampes (B. 27-38), dont nous n'avons que neuf; il manque les n° 35, 36 et 37.
Belles épreuves.

628 — La Vierge pleurant sur le corps de Jésus-Christ, d'après A. Durer (B. 41).
Très-belle épreuve; elle a de la marge.

629 — La Tentation de saint Antoine (B. 59).
Belle épreuve.

630 — Jean Boll, peintre de Malines (B. 161).
Très-belle épreuve.

631 — Henri IV, roi de France (B. 173).
Superbe épreuve du 1er état, avec l'adresse de *Paul de la House au Palais* Très-rare.

632 — Guillaume de Nassau, prince d'Orange (B. 178).
Belle épreuve.

633 — Le fils de Thierry Frisius, tenant un oiseau de proie, veut monter sur un gros chien de chasse. Pièce connue sous le nom du *Chien de Goltzius* (B. 190).
Magnifique épreuve. Très-rare à trouver de cette qualité.

634 — Portraits de N. de Lafaille et de sa femme (B. 212 et 213).
Superbes épreuves.

635 — Paysage, gravé par Simon Frisius.
Belle épreuve.

GOUDT (Henri, comte de)

636 — L'Ange accompagnant le jeune Tobie, d'après Elsheimer.
Superbe épreuve.

637 — Cérès cherchant sa fille, d'après Elsheimer.
Très-belle épreuve.

GOYA (Francesco)

638 — Un nain de Philippe IV, d'après Vélarquez.
Superbe épreuve avant toutes lettres. Extrêmement rare; elle a de la marge.

GRIMALDI (J.-J.)

639 — Les Deux hommes sur la butte (B. 4). — Les Trois petits bateaux (B. 33). — Les Joueurs (B. 46). Trois estampes.
Belles épreuves.

640 — Repos en Égypte (B. 15). — Le Baptême de Jésus-Christ (B. 48). Deux estampes.
Belles épreuves.

GROSBON (Jean)

641 — Intérieur de la forêt de Roche-Cardon.
Très-belle épreuve avant la lettre, sur papier de Chine.

GUDIN

642 — Marines et paysage.
Cinq pièces sur papier de Chine.

HACKAERT (Jean)

643 — Le ruisseau étroit (B. 3).
Très-belle épreuve.

644 — Les quatre arbres (B. 5).
Très-belle épreuve.

HAGEDORN (Christian-Louis)

645 — Deux paysages.
Très-belles épreuves.

HECKE (Jean van den)

646 — Différents animaux. Suite de douze estampes (B. 1-12).
Très-belles épreuves.

647 — Quatre pièces doubles de la suite précédente (Nos 1, 8, 10 et 11).

HIRSCHVOGEL (Augustin)

648 — Dessins de Gobelets et vases (B. 90, 92, 93, 94). Autre dessin de Gobelet, non décrit par Bartsch. 5 p.
Belles épreuves.

HOELTZEL (B.)

649 — Procession du Saint-Sacrement faite à Turin en
1753, d'après Beaumont.
Belle épreuve.

HOLL (W.)

650 — Garibaldi en pied, dans l'île de Caprera, d'après
Barker.
Belle épreuve.

HOLLAR (Venceslas)

651 — Thomas, comte d'Arundel, et Henry, baron-de-
Mowbray. Deux petits portraits ovales sur la même
planche.
Superbes épreuves du 1er état, avant que la planche ait été coupée en
deux morceaux. Extrêmement rare.

652 — Albert Durer, d'après lui-même.
Superbe épreuve.

653 — Hans Von Zurch Goltsmidt, d'après Holbein.
Superbe épreuve.

654 — Hans Holbein, d'après lui-même.
Superbe épreuve.

655 — Jean de Reede.
Très-belle épreuve, avec l'adresse de J. Meyssens.

656 — Les quatre Saisons, représentées par des dames
anglaises en costumes du xviie siècle.
Superbes épreuves.

657 — Réceptions de dames et seigneurs à la porte d'une
église. — Réception de dames et seigneurs à la porte
d'un château. Deux estampes.
Très-belles épreuves.

658 — Dispute de paysans, d'après P. Breughel.
Très-belle épreuve.

659 — Cinq manchons sur une feuille.
Superbe épreuve. (Collections Gawet et Molitor). Extrêmement rare.

660 — Un lion couché, d'après A. Durer.
Superbe épreuve.

661 — Portraits de la fille du Titien. — Vittoria Colonna. — Caricatures, d'après Léonard de Vinci. — Trois estampes.
Belles épreuves.

HONDIUS (Abraham)

662 — Le Loup poursuivi. Ce morceau inconnu à Bartsch est décrit par R. Weigel dans son ouvrage : *Supplé-ments au Peintre-Graveur*, page 310. Il est de la plus grande rareté.

HOPFER (Daniel)

663 — Adam et Ève (B. 1 et 2).
Belles épreuves.

HOPFER (Jérome)

664 — La Deesse tutélaire de la ville de Rome. 1er état, avant le numéro. — Portrait d'Erasme.
Belles épreuves.

HOOGHE (Romyn de)

665 — Attaque de Fransen.
Belle épreuve.

HOOVE (Fr. van den)

666 — Jacob Cornelisz Dienaer, d'après C. Visscher.
Très-belle épreuve.

HUBERT-ROBERT

667 — La Galerie antique (P. De B. 10).
Belle épreuve.

HUBERT (L.)

668 — Étude d'animaux. Quatre estampes.
Belles épreuves.

HUMBELOT (J.)

669 — « *Plaisanterie d'un procureur de Dôle, alias de la nécessité.* — Scène de mœurs de l'époque Louis XIII.
Belle épreuve.

DU JARDIN (Karel)

670 — Son œuvre gravé à l'eau-forte. Suite de cinquante
et une estampes. Il manque le portrait du poète de
Vos (n° 52) pour que l'œuvre soit entièrement complet
(B. 1 à 51).

Superbes et anciennes épreuves. Le n° 7 est avant le numéro et sera vendu
séparément.

JORDAENS (Jacques)

671 — Jupiter enfant nourri du lait de la chèvre Amalthée.
(Basan 19).

Très-belle épreuve du 1er état, avant l'adresse de *Bloteling*.

672 — Un paysan arrête un bœuf par la queue et plusieurs
spectateurs le regardent faire (Basan 30).

Très-belle épreuve.

JULIENNE (J. de)

673 — Deux bustes d'hommes coiffés de casques, d'après
Hemskerck.

Belles épreuves.

KAUFFMANN (Marie-Angélique)

674 — Portrait d'un dessinateur. — Vieillard penché sur
un livre. — Jeune garçon assis ; il semble méditer.
Trois estampes.

Belles épreuves.

ROBELL (Henri)

675 — Vue d'une grande chaumière et d'une grange à foin
au bord de la mer.

Très-belle épreuve du 1er état, représentant un effet de jour.

676 — La même vue.

Très-belle épreuve du 2e état, représentant un effet de nuit pris au clair
de lune.

ROBELL (Jean)

677 — Différents animaux. Suite de quatre estampes.

Belles épreuves.

KOLBE (Chr.-W.)

678 — Les Baigneuses. — Le Repos du berger. Deux
grands paysages en hauteur.

Belles épreuves.

679 — Paysage.

Belle épreuve.

KONINCK (Salomon)

680 — Buste de vieillard vu de profil.

Très-belle épreuve.

KRUG (Louis)

681 — L'Adoration des rois (B. 2).

Superbe épreuve. (Collection Ackerman.)

LAER (Pierre de)

682 — Différents animaux. Suite de huit estampes (R. 1-8); il manque le n° 3.

Très-belles épreuves.

683 — Différents chevaux. Suite de six estampes (B. 9-14),

Très-belles épreuves.

LAGRENÉE (J.-J.)

684 — Sacrifice au dieu Pan (P. de B. 23).

Très-belle épreuve.

LA HYRE (L. de)

685 — La Vierge au coussin (R. D. 7). — Paysages (R. D. 30, 31, 32, 34). Cinq estampes.

LANA (Louis)

686 — Sainte Famille (B. 1). — La Vierge embrassée par l'Enfant Jésus (B. 3). Deux pièces.

Belles épreuves.

687 — Saint Sébastien et sainte Irenée (B. 4).

Très-belle épreuve.

688 — Saint Joseph tenant l'enfant Jésus. Pièce marquée des initiales L. T. E., et attribuée par M. Robert Dumesnil à Louis Lana. (Voir le catalogue de sa collection d'estampes italiennes).

Deux épreuves des 1er et 2e états.

LASNE (Michel)

689 — Abel Bruyner, médecin de Gaston d'Orléans, d'après Van Dyck.

Très-belle épreuve avant la lettre; elle porte au verso la signature de P. Mariette. Rare.

690 — Antoine Lumague, banquier, d'après Van Dyck.
Très-belle épreuve avant la lettre.

691 — Louis de Marillac, maréchal de France.
Très-belle épreuve.

692 — Jean de Saint Bonnet, seigneur de Toyras.
Superbe épreuve.

LASTMAN (Pierre)

693 — Judas et Thamar (B. Supp. n° 74).
Très-belle épreuve; elle est signée au verso : P. Mariette, 1672.

LAUWERS (Nicolas)

694 — Jupiter et Mercure chez Philémon et Baucis, d'après Jordaens (Basan. 18).
Très-belle épreuve du 1er état, avec l'adresse de Bloteling.

LEBRUN (Charles)

695 — L'Aurore. — La Nuit (R. D. 4 et 7).
Belles épreuves.

LECLERC (Sébastien)

696 — L'Académie des sciences et des beaux-arts (J. 263).
Première et superbe épreuve avant toutes lettres et avant grand nombre d'accessoires ajoutés à l'épreuve suivante.

697 — La même estampe.
Belle épreuve avec la lettre.

698 — L'Entrée d'Alexandre dans Babylone (J. 285).
Très-belle épreuve où Alexandre a la tête de profil.

699 — La même estampe.
Belle épreuve où Alexandre a la tête vue de face.

LEMBRE

700 — Le Fauconnier.
Superbe épreuve du 1er état.

LESUEUR (Louis)

701 — Cinq paysages.
Belles épreuves.

LEU (Thomas de)

702 — François de Bonnes, seigneur de Lesdiguières.
Très-belle épreuve.

703 — Charles de Gontaut de Biron, maréchal de France.
Très-belle épreuve.

704 — Charles de Gonzague, duc de Nevers.
Superbe épreuve.

705 — Habicot (Nicolas), maître chirurgien, à Paris, d'après Dumonstier.
Superbe épreuve.

706 — Henri de Savoie, duc de Nemours.
Très-belle épreuve.

707 — Blaise de Vigenere.
Très-belle épreuve.

LEUVER (Léon van der)

708 — Différents animaux. Cinq estampes.
Très-belles épreuves.

LEVATI (G.)

709 — Arc de triomphe antique.
Jolie eau-forte.

LEYDE (Lucas de)

710 — Joseph en prison, expliquant les songes des deux officiers du roi, prisonniers avec lui (B. 22).
Superbe épreuve. Collection de Férol.

711 — Sainte Madeleine debout sur des nuages (B. 124).
Très-belle épreuve.

712 — Le moine Sergius tué par Mahomet (B. 126).
Epreuve mal conservée et doublée.

713 — Le poète Virgile suspendu dans un panier (B. 136).
Très-belle épreuve.

714 — Le Fou (B. 150), avec une copie gravée sur bois. — La Laitière (B. 158).
Trois estampes.

715 — Un panneau d'ornements (B. 164).
Superbe épreuve. Collection de Férol.

716 — Un écusson rempli par un mascaron (B. 167).
Belle épreuve.

717 — Deux rinceaux d'ornements (B. 169).
Très-belle épreuve. Collection H. Weber.

LIAGNO (Th.-Ph.)

718 — Différents soldats (B. 3, 4, 6, 9, 10 et 12). Six estampes.
Belles épreuves.

LIONI (Octave)

719 — Jean Baglioni, peintre de Rome (B. 14). — Louis Leoni, peintre (R. 28). — Christophe Roncalli, peintre (B. 35).
Superbes épreuves. Trois pièces.

LIVENS (Jean)

720 — Buste d'homme (B. 15). Cl. 15.
Belle épreuve.

721 — Buste d'un Oriental (B. 19). Cl. 19.
Très-belle épreuve; elle est signée au verso : P. Mariette 1679.

722 — Buste de vieillard (B. 23). Cl. 23.
Superbe épreuve du 1er état, avant les initiales du maître et avant l'adresse de Franc. v. Wyngaerde.

723 — Buste de jeune femme (B. 27). Cl. 27.
Belle épreuve.

724 — Buste d'homme (B. 28). Cl. 29.
Très-belle épreuve. Collection H. Weber.

725 — Buste d'un Oriental (B. 34). Cl. 34.
Très-belle épreuve. Rare.

726 — Portrait de Daniel Heinsius (B. 57). Cl. 58.
Superbe épreuve du 1er état avec l'adresse de Martin Vanden Enden.

727 — Buste de vieillard (B. 50). Cl. 50.
Très-belle épreuve.

728 — Jacques Gouter (B. 59). Cl. 58.
Très-belle épreuve.

LODER

729 — Vieillard paralytique assis vers la gauche de l'estampe; à droite un homme et une femme devant une croisée. Estampe en hauteur.

Belle épreuve.

LONDONIO (F.)

730 — Cinq sujets d'animaux.

Belles épreuves.

LOIR (A.)

731 — La Vierge, l'Enfant Jésus et le petit saint Jean, d'après M. Loir.

Très-belle épreuve du 1ᵉʳ état.

LOMBART (PIERRE)

732 — L'Enfant Jésus et saint Jean-Baptiste couronnant un agneau.

Très-belle épreuve du 1ᵉʳ état, avant la lettre.

LONGHI (G)

733 — Portrait d'homme. — Tête de nègre. — Buste de vieillard, d'après Rembrandt. Trois estampes.

Très-belles épreuves.

LOLI (LAURENT)

734 — La Vierge, l'Enfant Jésus et saint Jean (B. 5).

Belle épreuve.

735 — La Vierge accompagnée de deux Saints (B. 8).

Très-belle épreuve.

736 — Saint Jérôme (B. 13). — Saint Jérôme (B. 14).

Très-belles épreuves. Deux pièces.

737 — Saint Jérôme (B. 13). — Sainte Madeleine (B. 15).

Deux estampes.

738 — Andromède, d'après J.-A. Sirani (B. 17).

Première épreuve avant les initiales du maître.

739 — Sujets d'Enfants et d'Amours (B. 19, 21, 22, 23, 24, 29). Six estampes.

Belles épreuves.

740 — La Renommée, d'après J.-A. Sirani (B. 31).
Très-belle épreuve.

LOUTHERBOURG (P.-J.)

741 — La Tranquillité champêtre. — La bonne petite Sœur (P. de B. 19 et 20).
Belles épreuves.

LUTMA (JEAN), LE FILS

742 — Portrait de Jean Lutma, le père.
Très-belle épreuve.

LYS (JEAN VAN DER)

743 — Dix petits paysages avec ruines, gravés dans le goût de Hermann Swanewelt.
Belles épreuves; elles sont tirées à deux sur une feuille.

MAAS (DIRCK)

744 — Cavalier marchant vers la droite.
Belle épreuve.

MAIR LANDSHUT

745 — La Nativité (B. 4).
Très-belle épreuve. Morceau extrêmement rare.

MAITRE ANONYME

DE L'ÉCOLE DE FONTAINEBLEAU

746 — Figure allégorique d'après le Primatice. Pièce marquée : *f. Primatissio inven.*
Très-belle épreuve du 1ᵉʳ état, avant une indication dans la marge à gauche au-dessous du trait carré.

AITRE AU MONOGRAMME F. P.

747 — Jésus–Christ et les Apôtres. Suite de treize estampes (B. 1 à 13); *il manque les nᵒˢ 7 et 8.*
Belles épreuves.

748 — Hercule tuant Cerbère (B. 15). — Diane allant à la chasse (B. 21). Deux estampes.
Belles épreuves.

MAITRE AU MONOGRAMME Z. BM.

749 — Allégorie représentant la science qui éclaire l'esprit
de l'homme (Brulliot, 2ᵉ p., n° 2787).
Belle épreuve.

MANINI (B.)

750 — Saint Pierre (B. 2).
Estampe toujours faible, l'eau-forte n'ayant pas assez mordu.

MARATTI (C.)

751 — La Sainte Vierge et la Madeleine (B. 6). — L'As-
somption de la Vierge (B. 8). — La Vierge, l'Enfant
Jésus et le petit saint Jean (B. 9). Trois estampes.
Belles épreuves.

752 — La Nativité de la sainte Vierge (B. 1). — La Visitation (B. 3). — L'Adoration des Mages (B. 5). Trois
estampes.

MARCENAY DE GHUY (Ant. de)

753 — Tobie recouvrant la vue, d'après Rembrandt.
Belle épreuve.

754 — Portraits du Tintoret et de Rembrandt.
Très-belles épreuves.

755 — Buste de vieillard, d'après Rembrandt.
Première épreuve.

MARINUS (Ignace)

756 — La Nativité, d'après J. Jordaens (Basan, 3).
Magnifique épreuve du 1ᵉʳ état, non décrit, avant toutes lettres, avant
grand nombre de travaux sur la totalité de la planche, ce qui rend le sujet
d'un ton clair, et avant la fenêtre dans le fond à gauche. Peut-être unique
en cet état.

757 — La même estampe.
Belle épreuve avec la lettre.

758 — Scène d'intérieur, d'après C. Sachtleven.
Belle épreuve.

MARCHESINI (P.)

759 — Sainte Marguerite de Cortone (B. 1).
Très-belle épreuve.

MASSARD (J.)

760 — La Cruche cassée, d'après Greuze.

Superbe épreuve avant la lettre; elle porte au verso les signatures de Greuze et de Massard; elle a une belle marge. Rare en cette condition.

MASSON (Antoine)

761 — Jésus à table avec ses disciples à Emmaüs. Estampe connue sous le nom de la *Nappe* (R. D. 5).

Très-belle épreuve avant la taille échappée au-dessus de l'arbre qui se voit près de la fabrique au haut à droite: elle a de la marge.

762 — Bouillon (Emmanuel Théodore de La Tour d'Auvergne, duc d'Albret, cardinal de), d'après Mignard (R. D. 14).

Superbe épreuve du 1er état; elle a de la marge.

763 — Marie-Anne-Victoire de Bavière, dauphine de France (R. D. 48).

Superbe épreuve.

764 — Ormesson (Olivier Lefèvre d'), conseiller au Parlement de Paris (R. D. 58).

Très-belle épreuve du 2e état; elle a de la marge.

765 — Gui Patin, docteur médecin (R. D. 59).

Belle épreuve.

MATSIS (Corneille)

766 — Les Querelles des gueux (B. 17).

Belle épreuve; elle est doublée.

MATHAM (Jacques)

767 — Andromède attachée sur le rocher, d'après Goltzius (B. 162).

Très-belle épreuve.

768 — Les Parques filant la vie des hommes, d'après Goltzius (B. 300).

Superbe épreuve; elle a de la marge.

MATTIOLI (Louis)

769 — La Sainte Vierge, d'après J.-M. Crespi (B. 14).

Belle épreuve.

770 — Les estampes pour le poëme intitulé : *Bertoldo con Bertoldino e Caccasenno*, *in ottava rima*, imprimé à Bologne en 1736, de l'imprimerie de *Lelio dalla Volpa*, *in*-4. — Suite de vingt estampes (B. 103 à 122).
Très-belles épreuves du 1er état, non décrit, avant les numéros.

MAUPERCHÉ (Henri)

771 — L'Ange luttant contre Jacob (R. D. 1).
Très-belle épreuve.

772 — La parabole de l'Enfant prodigue. Suite de six estampes (R. D. 10 à 15).
Belles épreuves.

MAYER (Henri)

773 — Deux soldats debout. — Sujets d'enfants. Quatre petites estampes.
Belles épreuves.

MAULPERSCH (Antoine)

774 — Le Charlatan devant une église de village. Grande composition à l'eau-forte.
Belle épreuve.

MAZURIE (L.)

775 — Le Joueur de flûte devant la porte d'un cabaret, d'après Ostade.
Très-belle épreuve du 1er état, avant la lettre.

776 — Le Gambadeur, d'après K. Dujardin
Très-belle épreuve avant la lettre.

MAZZUOLI (François), dit LE PARMESAN

777 — Judith (B. 1).
Belle épreuve.

778 — L'Annonciation (B. 2).
Première épreuve.

779 — La Nativité (B. 3).
Belle épreuve.

780 — La sainte Vierge (B. 4).
Très-belle épreuve.

783 — La Sépulture de Jésus-Christ (B. 5).

784 — Saint Pierre et saint Jean guérissant les malades à la porte du temple (B. 7).
Épreuve imprimée en camaïeu.

785 — Saint Jacques-le-Majeur (B. 8).
Belle épreuve.

786 — Sainte Thaïs (B. 10),
Belle épreuve.

787 — L'Amour dormant (B. 11).
Pièce très-rare.

788 — Le Berger debout (B. 12).
Très-belle estampe.

789 — La même estampe.

790 — Les deux Amants (B. 14).
Belle épreuve. Collection d'Arozarena.

791 — Le jeune homme et les deux vieillards (B. 13).
Belle épreuve.

MECKEN (Israel de)

792 — La Mort de la Vierge (B. 40).
Très-belle épreuve; elle a un peu souffert sur toute la partie droite de l'estampe.

793 — Saint Grégoire (B. 100),
Très-belle épreuve.

794 — L'Homme de douleurs (B. 137).
Superbe épreuve; elle a une petite marge.

MEER DE JONGHE (Jean)

795 — La Brebis debout (B. 2).
Belle épreuve.

MELDOLLA (André)

796 — La Religion chrétienne triomphante de l'hérésie (B. 55).

Très-belle épreuve.

797 — Le mariage de sainte Catherine (B. 56).

Belle épreuve.

778 — Différents saints présents à l'hommage rendu par saint Jean à l'Enfant Jésus (B. 64).

Très-belle épreuve. Collection J. Barnard.

799 — Hommes et femmes venant se désaltérer à une fontaine. Pièce non décrite par Bartsch. H. 73 mill. L. 59 mill.

Première épreuve avant que la planche ait été entièrement reprise au burin. Collection J. Barnard. Ces quatre estampes très-rares sont gravées d'après le *Parmesan*.

MELLAN (Claude)

800 — Henri-Louis Habert de Montmor.

Belle épreuve du 1er état.

MERCATI (J.-B.)

801 — Sainte Bibiane refusant de sacrifier aux divinités païennes (B. 5).

Très-belle épreuve.

MERCURY (P.)

802 — Les Moissonneurs, d'après L. Robert.

Superbe épreuve d'artiste, avec les noms tracés à la pointe; elle est sur papier de Chine.

MIELE (Jean)

803 — Le Berger (B. 1). — La Vieille (B. 2). — L'Épine dans le pied (B. 3). Trois estampes.

Belles épreuves.

804 — Le siège de Mastricht, par Alexandre de Parme (B. 4). — La prise de la ville de Mastricht (B. 5). — La prise de la ville de Bonn, par le prince de Chimay (B. 6.).

Très-belles épreuves.

805 — Deux pièces doubles : La prise de la ville de Bonn.
— Le siége de Mastricht.
Belles épreuves.

MIGLIARA (G.)

806 — Vue de Venise, gravée dans le goût de Canaletti.
Deux études de ruines.
Trois estampes.

MILLET (Francisque), *excudit*

807 — La Fuite en Egypte.
Belle épreuve.

MITELLI (Joseph)

808 — Les Cris de la ville de Bologne, suite de quarante estampes (B. 117-157).
Belles épreuves ; elles sont reliées en un volume petit in-folio.

809 — Neuf pièces doubles de la suite précédente.

MOITTE (P.-E.)

810 — La Paresseuse, d'après Greuze.
Belle épreuve.

MOLA (Pierre François)

811 — La Sainte Vierge (B. 3).
Très-belle épreuve.

812 — La Sainte Famille en fuite en Egypte (B. 4).
Belle épreuve.

MOLYN (Pierre)

813 — Deux vues de Hollande.
Belles épreuves.

MONTAGNE (Michel)

814 — Paysages.
Sept pièces.

MOOR (Charles de)

815 — Portrait de François Miéris.
Belle épreuve.

MOREAU L'AINÉ (Louis-Gabriel)

816 — Treize petits paysages gravés à l'eau-forte.
Très-belles épreuves.

MOREAU LE JEUNE (J.-M.)

817 — Bethzabée au bain, d'après Rembrandt.
Très-belle épreuve avant la lettre.

818 — Six différents griffonnements sur une seule planche.
Jolie eau-forte.

MORIN (Jean)

819 — Tête de mort, d'après Ph. de Champagne (R. D. 39).
Très-belle épreuve.

820 — Bentivoglio (Guido), cardinal (R. D. 43).
Superbe épreuve; elle a de la marge.

821 — Borromée (Saint-Charles) (R. D. 45).
Très-belle épreuve.

822 — Le même personnage (R. D. 46).
Très-belle épreuve.

823 — Camus (Jean-Pierre), évêque de Bellay (R. D. 49).
Très-belle épreuve.

824 — Choiseul du Plessis-Praslin (Gilbert de), évêque de Comminges (R. D. 50).
Très-belle épreuve du 1er état.

825 — Gesvres (François Potier, marquis de) (R. D. 53).
Très-belle épreuve.

826 — Grimberghe (Honorine), comtesse de Bossu (R. D. 55).
Très-belle épreuve.

827 — La même dame, plus âgée (R. D. 56).
Très-belle épreuve du 1er état.

828 — Henri II, roi de France (R. D. 59).
Très-belle épreuve; elle est à grandes marges.

829 — Le même portrait.
Très-belle épreuve.

829 *bis*. — Henri IV, roi de France (R. D. 60).
Superbe épreuve; elle est à grandes marges.

830 — Jansenius (Corneille), évêque d'Ypres (R. D. 61).
Superbe épreuve du 1er état.

831 — Lemon (Marguerite) (R. D. 62).
Très-belle épreuve.

832 — Louis XI, roi de France (R. D. 63).
Superbe épreuve du 1er état, avant toutes lettres. Extrêmement rare.

833 — Louis XIII, roi de France (R. D. 64).
Superbe épreuve.

834 — Maisons (le président de) (R. D. 65).
Très-belle épreuve.

835 — Maugis des Granges (Pierre) (R. D. 67).
Superbe épreuve.

836 — Mazarin (Jules, Cardinal de) (R. D. 68).
Superbe épreuve du 1er état.

837 — Netz (Nicolas de), évêque d'Orléans (R. D. 70).
Belle épreuve.

838 — Talon (Omer), avocat général au Parlement de
Paris (R. D. 74).
Très-belle épreuve du 2e état non décrit, avant les contre-tailles sur
la manche gauche du manteau du personnage; elle a de la marge.

839 — Tarisse (Dom Jean-Grégoire), général de la congré-
gation de Saint-Maur (R. D. 75).
Très-belle épreuve.

840 — Thou (Augustin de) (R. D. 77).
Superbe épreuve.

841 — Thou (Christophe de) (R. D. 78).
Superbe épreuve; elle a de la marge.

842 — Thou (Jacques-Auguste), président des enquêtes du Parlement de Paris (R. D. 79).
Superbe épreuve.

843 — Valois (Charles de), duc d'Angoulême (R. D. 81).
Très-belle épreuve.

844 — Verger de Hauranne (Jean Du) (R. D. 83).
Très-belle épreuve; elle a de la marge.

845 — Villemontée (François de) R. D. 86).
Très-belle épreuve; elle a de la marge.

846 — Vitré (Antoine) (R. D. 88).
Magnifique épreuve du 1er état, inconnu à Robert Dumesnil, avant toutes lettres. Extrêmement rare.

847 — Le même portrait.
Superbe épreuve avant les contre-tailles sur la joue gauche du personnage.

848 — Suite de quatre paysages d'après Fouquière (R. D. 103-106).
Belles épreuves; elles ont de la marge.

MORO (Torbido del)

849 — Le mariage de Sainte-Catherine, d'après le Parmesan (R. 2).
Belle épreuve.

850 — Le Tombeau d'un évêque (B. 13).
Belle épreuve.

851 — La Vestale Tuccia (B. 30).
Très-belle épreuve.

852 — Jésus chassant les Vendeurs du Temple.
Pièce gravée dans le goût de B. del Moro.

MOUCHERON (Isaac)

853 — Représentation du bâtiment élevé sur le canal près du Mail, à Amsterdam, par ordre des bourguemestres et des régents de cette ville, pour recevoir la grande ambassade moscowite, le 29 août 1697.
Superbe épreuve. Très-rare.

MOYAERT (N.)

854 — Troupeaux de bœufs, vaches et moutons dans une
campagne.
Tres-belle épreuve avant l'adresse de G. Valck.

MOYREAU (Jean)

855 — Halte à la porte d'une auberge, d'après Wouwermans.
Belle épreuve avant la lettre.

MULLER (F.)

856 — Les Musiciens ambulants. — Le Charlatan de village. Deux estampes.
Belles épreuves.

MULLER (Jean)

857 — Albert, archiduc d'Autriche. — Isabelle-Claire-
Eugénie, sa femme. — Deux portraits d'après Ru-
bens.
Belles épreuves.

MUNKHUYSEN (J.)

858 — Henri Vander Graft, d'après Van Ingen.
Superbe épreuve.

NAIWJNCX (H.)

859 — Différents paysages. Suite de huit estampes. (B.
1-8).
Très-belles épreuves.

860 — Paysage (B. 10).
Très-belle épreuve; elle est doublée.

861 — Paysage (B. 11).
Belle épreuve.

862 — Paysage (B. 7).
Belle épreuve.

NASINI (J.-B.)

863 — La Sainte Vierge (B. 1).
Belle épreuve.

NEEFFS (Jacques)

864 — Albert, archiduc d'Autriche, à mi-corps, tenant le bâton de commandement, d'après van Thulden.

Très-belle épreuve.

NEUE (François de)

865 — L'Amour au bain (B. 2).

Belle épreuve. Rare.

NORBLIN (J.-B.)

866 — Jésus présenté au peuple.

Belle épreuve.

NOTHNAGEL (Jean-André-Benjamin)

867 — La Résurrection de Lazare. Composition en hauteur de dix figures.

Très-belle épreuve.

868 — Portraits d'hommes et études de figures. Dix pièces.

Très-belles épreuves.

869 — Six petits paysages.

Belles épreuves.

NOORDT (Jean van)

870 — Un troupeau composé de béliers, boucs et chèvres, deux bœufs et un chien, d'après P. de Laer.

Belle épreuve ; elle est douldée.

871 — Paysage ; sur la droite des ruines et vers la gauche, un homme et une femme marchent ensemble, d'après P. Laftman.

Belle épreuve.

OSSENBEECK (J. van)

872 — Le Marché au bétail. (C'est la vue du Campo-Vaccino) (B. 24).

Belle épreuve.

OSTADE (Adrien van)

873 — Son œuvre en cinquante pièces (B. 1-50). Il manque le n° 35 : l'Epouilleuse.

Anciennes épreuves.

874 — Les Fumeurs (B. 13).
Très-belle épreuve avant la bordure et plusieurs travaux ; elle a de la marge. Rare.

875 — La Grange (B. 23).
Belle épreuve.

876 — Le Peintre (B. 32).
Belle épreuve.

877 — L'Homme conversant avec la femme.
Belle épreuve.

PALMA (J.)

878 — La Peinture (B. 17). — La Renommée (B. 18). Deux estampes.
Belles épreuves.

879 — Saint Jean-Baptiste (B. 19). — Saint Thomas (B. 22). — La Déesse tutélaire de la ville de Rome (B. 24). — Judith (B. 25). Quatre estampes.
Belles épreuves.

PARIGI (G.) 1608

879 bis — Scène de Théâtre, représentant le jardin de Calypso.
Belle épreuve.

PASINELLI (L.)

880 — L'Enfant Jésus sur un globe au milieu d'une gloire et de deux saints.
Pièce à l'eau-forte.

PASSARI (B.)

881 — Sainte Famille (B. 70).
Première épreuve.

PASSAROTI (B.)

882 — La Visitation, d'après F. Salviati (B. 2). — Saint-Paul (B. 11). Deux estampes.

PASSE (Crispin de)

883 — Bustes du Christ et de la Vierge.
Superbes épreuves.

884 — Henri IV, roi de France, d'après C. Utenh.
Superbe épreuve; elle a une grande marge.

885 — Jean Wolfrang Freymon, conseiller-secrétaire de
l'empereur d'Allemagne.
Superbe épreuve.

PÉRIGNON (N.)

886 — Trois paysages.
Belles épreuves.

PERRIER (François)

887 — Portrait de Simon Vouët, premier peintre de Louis
XIII (R. D. 12).
Très-belle épreuve.

PERUZZINI (D.)

888 — Jésus-Christ tenté par le démon (B 3).
Belle épreuve.

889 — La Vierge dans une gloire, à ses pieds Saint Antoine de Padoue tenant l'Enfant Jésus.
Très-belle épreuve.

890 — Saint Antoine de Padoue tenant l'Enfant Jésus dans
ses bras. Petite pièce.
Belle épreuve.

891 — L'Ange gardien, estampe signée : *Dom Pruz delin.*
Ces trois dernières pièces sont inconnues à Bartsch.

892 — Saint Antoine de Padoue. Pièce inconnue à Bartsch
et à peu près identique à celle décrite sous le N° 6 de
l'œuvre du maître.
Très-belle épreuve.

PESNE (Antoine)

893 — La Sainte-Famille servie par les anges, d'après le
Poussin (R. D. 16).
Superbe épreuve du 1er état ; elle a de la marge.

PICCIONI (M.)

894 — Deux Bergers adorant l'Enfant Jésus, d'après
P. Véronèze (B. 2).
Belle épreuve.

PIERRE (J.-B.-M.)

895 — Le Dessinateur. — Le Matelot. — L'Aveugle (P. de
B. 8, 10 et 13). Trois estampes.

PITAU (Nicolas)

896 — La Vierge dite à la Bénédiction, d'après Raphaël.
Très-belle épreuve du 1er état, avant la draperie sur l'Enfant Jésus.

PLATE MONTAIGNE (N. de)

897 — Olivier de Castellan, lieutenant-général des armées
du roi (R. D. 21).
Très-belle épreuve ; elle a de la marge.

PLONSKI (M.)

898 — Recueil de dix-neuf études gravées à l'eau-forte.
Elles sont imprimées sur sept feuilles.

PODESTA (J.-A.)

899 — Bacchanales de faunes, satyres et d'enfants (B. 2, 4
et 5).
Très-belles épreuves. Trois pièces.

900 — Bacchanales, d'après le Titien (B. 7).
Très-belle épreuve.

POILLY (François)

901 — Nativité. Composition dans une bordure octogone,
d'après le Guide.
Très-belle épreuve du 1er état, avant les deux anges qui ont été ajoutés
depuis dans le haut de la composition et avec la bordure seulement tracée ;
elle a de la marge. Très-rare.

902 — La Vierge au berceau, d'après Raphaël.

Superbe épreuve avant la dédicace.

903 — Saint Jean dans l'île de Patmos, d'après Ch. Le-Brun.

Très-belle épreuve avant la lettre; elle a de la marge. Rare en cet état.

904 — Frontispice pour l'histoire sainte du Nouveau Testament, d'après F. Chauveau.

Belle épreuve avant la lettre.

905 — Portrait du maréchal Fabert.

Très-belle épreuve.

POILLY (Nicolas)

906 — Sainte Famille, d'après S. François.

Très-belle épreuve du 1er état, avec le nom de *L. François In.* qui a été remplacé par celui de *F. Poilly*, et avec les armes. Très-rare.

PONTIUS (Paul)

907 — Fuite en Egypte, d'après J. Jordaens.

Très-belle épreuve du 1er état, avant l'adresse de *Bloteling*.

908 — Jésus-Christ mort, soutenu par la Vierge, d'après Van Dyck.

Superbe épreuve avec le tracé des lignes très-apparent.

909 — Sainte Rosalie, d'après Van Dyck.

Très-belle épreuve.

910 — Saint Hermann-Joseph, d'après Van Dyck.

Belle épreuve.

911 — L'Adoration des Mages, d'après G. Seghers.

Magnifique épreuve. Extrêmement rare.

912 — Pierre-Paul Rubens, d'après lui-même.

Superbe épreuve.

913 — Philippe IV, roi d'Espagne, d'après Rubens.

Superbe épreuve du 1er état, avant que la moustache du personnage ait été retroussée, et avant l'adresse de Gillis Hendricx.

914 — Henri, comte de Berghe, d'après Van Dyck.
Superbe épreuve du 1ᵉʳ état, avant que le mot *Catholici* ait été enlevé.

915 — François-Thomas de Savoie, prince de Carignan,
d'après Van Dyck.
Superbe épreuve.

916 — Raphaël d'Urbin, d'après Van Dyck.
Très-belle épreuve avec l'adresse de J. Meyssens.

917 — Gaspard Gevarts, jurisconsulte d'Anvers.
Superbe épreuve; elle a de la marge.

PORPORATI

918 — Suzanne au bain, d'après J.-B. Santerre.
Superbe épreuve avant la lettre.

919 — La petite Fille au chien, d'après Greuze.
Belle épreuve.

POTTER (Paul)

920 — Différents Bœufs et Vaches. Suite de huit estampes
(B. 1-8).
Très-belle épreuves avec l'adresses de Clément de Joughe.

921 — Doubles de la suite précédente (nᵒˢ 2, 4 et 6); plus
le bœuf nᵒ 5 des pièces faussement attribuées à
P. Potter.
Quatre estampes.

922 — Les Chevaux de charrue (B. 12).
Superbe épreuve.

923 — Le Vacher (B. 14).
Belle épreuve.

924 — Le Berger (B. 15).
Très-Belle épreuve, avec l'adresse de Clément de Joughe.

PROCACCINI (Camille)

925 — Repos en Egypte (B. 1). Première épreuve. — Autre
Repos en Egypte (B. 2). — Autre Repos en Egypte
(B. 3).
Trois estampes.

PRUDHON (P.-P.)

926 — Phrosine et Mélidor. — L'Amour embrasse Psyché,
par Copia. — Choisir l'objet, l'enflammer, par Copia.
Quatre estampes.

Très-belles épreuves avant la lettre.

QUELLINUS (Erasme)

927 — Danse d'un petit satyre et de trois enfants dans un
bois.

Belle épreuve.

RAIMONDI (Marc-Antoine)

928 — Adam et Eve, d'après Raphaël (B. 1).

Cette pièce est une des plus recherchées du maître.

929 — Dieu ordonne à Noé de bâtir l'arche (B. 3).

Belle épreuve; elle restaurée.

930 — Le Martyre de saint Laurent, d'après B. Bandinelli
(B. 104).

Magnifique épreuve ; les traces de la seconde fourche qui existe dans le
1er état sont dans cette épreuve très-apparentes. Collection Th. Lawrence.
Très-rare à rencontrer de cette qualité.

931 — Lucrèce, d'après Raphaël (B. 192).

Très-belle épreuve; elle est doublée. Collection Denon.

932 — L'Empereur rencontrant le guerrier. Cette belle
estampe est une de celles où Augustin Vénitien a le
plus approché de son maître (B. 196).

Magnifique épreuve. Collection Lely. Extrêmement rare à rencontrer de
cette qualité.

933 — Vénus et l'Amour, d'après Raphaël (B. 311).

Très-belle épreuve; elle a une petite marge.

934 — Apollon, d'après Raphaël (B. 334).

Belle épreuve; elle est doublée.

935 — L'Homme aux deux trompettes (B. 350).

Très-belle épreuve; elle est doublée.

936 — Trajan entre la ville de Rome et la Victoire
(B. 361).

Superbe épreuve. Extrêmement rare à rencontrer d'une aussi belle conservation.

937 — La Force, d'après Raphaël (B. 389).

Très-belle épreuve.

938 — La Prudence, d'après Raphaël (B. 392).

Très-belle épreuve; elle est doublée.

RATTI (A.)

939 — Sujet historique, d'après Viesra.

REMBRANDT (VAN RHYN)

940 — Portrait de Rembrandt faisant la moue. (B. 10)
(Cl. 10). Ch. Blanc 214.

Ancienne épreuve.

941 — Portrait de Rembrandt avec l'écharpe autour du
cou (B. 17). Cl. 18. Ch. B. 229.

942 — Portrait de Rembrandt et sa femme (B. 19). Cl. 19.
Ch. B. 203.

Très-belle épreuve; elle a une petite marge.

943 — La même estampe.

Très-belle épreuve.

944 — Portrait de Rembrandt dessinant (B. 22). Cl. 22.
Ch. B. 235.

945 — Portrait de Rembrandt tenant un sabre (B. 18). Cl.
18. Ch. B. 231.

Très-belle épreuve.

946 — Portrait de Rembrandt aux cheveux courts et frisés
(B. 26). Cl. 26. Ch. B. 216.

947 — Agar renvoyée par Abraham (B. 30). Cl. 30.
Ch. B. 3.

Très-belle épreuve.

948 — Abraham caressant Isaac (B. 33). Cl. 38. Ch.
B. 4.
Très-belle épreuve.

949 — La même estampe.
Belle épreuve.

950 — Abraham avec son fils Isaac (B. 34). Cl. 39. Ch.
B. 5.
Belle épreuve; plus la copie.

951 — Le Sacrifice d'Abraham (B. 35). Cl. 36. Ch.
B. 6.
Très-belle épreuve.

952 — La Statue de Nabuchodonosor (B. 36). Cl. 40. Ch.
B. 8.
Belle épreuve.

953 — Jacob racontant ses songes devant sa famille (B. 37).
Cl. 41. Ch. B. 9.
Belle épreuve.

954 — Joseph et la Femme de Putiphar (B. 39). Cl. 43.
Ch. B. 11.
Belle épreuve.

955 — Jacob pleurant la mort de son fils Joseph (B. 38).
Cl. 42. Ch. B. 10.
Belle épreuve.

956 — Le Triomphe de Mardochée (B. 40). Cl. 44. Ch.
B. 12.
Superbe épreuve.

957 — Tobie le père, aveugle (B. 42). Cl. 46. Ch. B. 15.
Belle épreuve.

958 — L'Ange qui disparaît devant la famille de Tobie
(B. 43). Cl. 47. Ch. B. 16.
Belle épreuve avant les travaux à la pointe sèche, au coin à gauche, sur
chine.

959 — La Nativité (B. 45). Cl. 49. Ch. B. 18.
Belle épreuve; elle a de la marge.

960 — La Circoncision (B. 47). Cl. 51. Ch. B. 20.
Belle épreuve avec la partie blanche vers le milieu du haut de l'estampe.

961 — Présentation au Temple (B. 49). Cl. 53. Ch. B. 22.
Belle épreuve.

962 — Présentation au Temple (B. 51). Cl. 55. Ch. B. 24.
Belle épreuve.

963 — Fuite en Egypte (B. 52). Cl. 56. Ch. B. 25.
Très-belle épreuve du 1er état, avec le fond sale. Très-rare.

964 — La même estampe.
Belle épreuve.

965 — Fuite en Egypte (B. 53). Cl. 57. Ch. B. 26.
Belle épreuve.

966 — Fuite en Egypte (B. 55). Cl. 59. Ch. B. 28.
Belle épreuve.

967 — Repos en Egypte (B. 57). Cl. 61. Ch. B. 30.
Belle épreuve.

968 — La Vierge et l'Enfant Jésus sur des nuages (B. 61). Cl. 65. Ch. B. 32.
Belle épreuve.

969 — La Sainte Famille (B. 62). Cl. 62 Ch. B. 33.
Belle épreuve.

370 — Jésus au milieu des docteurs (B. 64). Cl. 68. Ch. B. 35.
Belle épreuve.

371 — Jésus au milieu des docteurs de la loi (B. 66). Cl. 70. Ch. B. 37.
Belle épreuve.

972 — Jésus-Christ prêchant, ou la petite tombe (B. 67).
Cl. 71. Ch. B. 39.
Belle épreuve.

973 — Le Denier de César (B. 68). Cl. 72. Ch. B. 42.
Belle épreuve.

974 — Jésus-Christ chassant les vendeurs du temple
(B. 69). Cl. 73. Ch. B. 44.

975 — La Samaritaine (B. 70). Cl. 74. Ch. B. 45.
Belle épreuve.

976 — Autre Samaritaine (B. 71). Cl. 75. Ch. B. 46.
Belle épreuve.

977 — Petite Résurrection de Lazare (B. 72). Cl. 76. Ch.
B. 47.
Belle épreuve.

978 — La grande Résurrection de Lazare (B. 73). Cl. 77.
Ch. B. 48.
Belle épreuve.

979 — Jésus-Christ guérissant les malades, ou la pièce de
cent florins (B. 74). Cl. 78. Ch. B. 49.
Épreuve avant la retouche du capitaine Baillie.

980 — Jésus-Christ dans le jardin des Oliviers (B. 75).
Cl. 79. Ch. B. 50.

981 — Jésus en croix entre les deux larrons (B. 79). Cl. 84.
Ch. B. 54.
Belle épreuve.

982 — La grande Descente de croix (B. 81). Cl. 83. Ch.
B. 56.
Très-belle épreuve avec l'adresse de *H. Venbugrensis*.

983 — Les Disciples d'Emaüs (B. 87). Cl. 91. Ch. B. 63.
Belle épreuve.

984 — Le bon Samaritain (B. 90). Cl. 94. Ch. B. 41.

Superbe épreuve du 1er état, avant les travaux sur le mur d'appui du perron et la queue du cheval. Epreuve dite à la *queue blanche*. Extrêmement rare.

985 — La même estampe.

Belle et ancienne épreuve.

986 — Le Retour de l'Enfant prodigue (B. 91). Cl. 95. Ch. B. 43.

Belle épreuve.

987 — Pierre et Jean à la porte du temple (B. 94). Cl. 97. Ch. B. 66.

Belle épreuve.

988 — Le Martyre de saint Etienne (B. 97). Cl. 100. Ch. B. 68.

Belle épreuve.

989 — Baptême de l'Eunuque (B. 98). Cl. 101.—Ch. B. 69.

900 — La Mort de la Vierge (B. 99). Cl. 102. Ch. B. 70.

991 — Saint Jérôme (B. 102). Cl. 105. Ch. B. 73.

Belle épreuve.

992 — Saint Jérôme (B. 103). Cl. 106. Ch. B. 74.

Très belle épreuve.

993 — Saint Jérôme, gravé dans le goût de A. Dürer (B. 104). Cl. 107. Ch. B. 75.

Superbe épreuve. Collections Aylesford.

994 — La Fortune contraire (B. 111). Cl. 113. Ch. B. 81.

Belle épreuve.

995 — La Médée, ou le Mariage de Jason et de Creuse (B. 112). Cl. 114. Ch. B. 82.

Belle épreuve.

996 — Trois Figures orientales (B. 118). Cl. 120. Ch.
B. 7.
Belle épreuve.

997 — Les Musiciens ambulants (B. 119). Cl. 121. Ch.
B. 90.
Belle épreuve.

998 — Le Vendeur de mort-aux-rats (B. 121). Cl. 123. Ch.
B. 95.
Très-belle épreuve.

999 — Le petit Orfèvre (B. 123). Cl. 125. Ch. B. 94.
Belle épreuve.

1000 — La même estampe.

1001 — La Faiseuse de kouks (B. 124). Cl. 126. Ch. B. 93.
Belle épreuve.

1002 — Synagogue des Juifs (B. 126). Cl. 128. Ch. B. 98.
Belle épreuve.

1003 — La Coupeuse d'ongles (B. 127). Cl. supp. n° 3.
Belle épreuve.

1004 — Le Maître d'école (B. 128). Cl. 129. Ch. B. 99.
Belle épreuve.

1005 — Le Charlatan (B. 129). Cl. 130. Ch. B. 92.
Très-belle épreuve.

1006 — Le Dessinateur (B. 130). Cl. 131. Ch. B. 100.
Belle épreuve.

1007 — Juif à grand bonnet (B. 133). Cl. 133. Ch. B. 101.
Très-belle épreuve.

1008 — La même estampe.
Belle épreuve.

1009 — Le Joueur de cartes (B. 136). Cl. 136. Ch. B. 104.
Belle épreuve.

1010 — Homme à cheval (B. 139). Cl. 138. Ch. B. 106.
Belle épreuve.

1011 — Vieillard vu par le dos (B. 143). Cl. 142. Ch. B. 109.
Belle épreuve.

1012 — Homme méditant (B. 148). Cl. 145. Ch. B. 112.
Belle épreuve.

1013 — Vieillard à courte barbe (B. 151). Cl. 148. Ch. B. 115.
Belle épreuve.

1014 — Le Persan (B. 152). Cl. 149. Ch. B. 105.
Belle épreuve.

1015 — Gueux debout (B. 162). Cl. 159. Ch. B. 125.
Très-belle épreuve.

1016 — La Femme à la calebasse (B. 168). Cl. 165. Ch. B. 132.
Belle épreuve.

1017 — Vieille mendiante (B. 170). Cl. 167. Ch. B. 134.
Belle épreuve.

1018 — Gueux assis sur une motte de terre (B. 174). Cl. 171. Ch. B. 136.
Très-belle épreuve du du 1er état avant le nom de maître écrit en toutes lettres.

1019 — Mendiants à la porte d'une maison (B. 176). Cl. 173. Ch. B. 146.
Belle épreuve.

1020 — Deux Gueux en pendants (B. 177-178). Cl. 174-175. Ch. B. 140-141.
Belles épreuves.

1021 — Gueux estropié (B. 179). Cl. 176. Ch. B. 142.
Belle épreuve,

1022 — L'Espiègle (B. 188). Cl. 185. Ch. B. 163.
Très-belle épreuve.

1023 — Le Dessinateur d'après le modèle (B. 192). Cl. 189. Ch. B. 157.

Belle épreuve.

1024 — Homme nu assis (B. 193). Cl. 190. Ch. B. 158.

Très-belle épreuve, plus la copie.

1025 — Figures académiques d'hommes (B. 194). Cl. 191. Ch. B. 159.

Belle épreuve.

1026 — Les Baigneurs (B. 195). Cl. 192. Ch. B. 117.

Belle épreuve tirée avant la tache ronde, au milieu du haut de l'estampe.

1027 — Académie d'un homme assis à terre (B. 196). Cl. 193. Ch. B. 160.

Belle épreuve.

1028 — Femme nue assise sur une butte. — Vénus au bain (B. 198.201). Cl. 195.198. — 2 pièces.

1029 — La Femme à la flèche (B. 202). Cl. 199. Ch. B. 166.

Très-belle épreuve. Pièce très-rare.

1030 — Négresse couchée (B. 205). Cl. 202. Ch. B. 169.

Belle épreuve.

1031 — Vue d'Omval, près d'Amsterdam (B. 209). Cl. 206. Ch. B. 312.

Très-belle épreuve.

1032 — Le Paysage aux trois chaumières (B. 217). Cl. 214. Ch. B. 318.

Superbe épreuve avec les travaux à la pointe sèche non ébarbés. Il y a un petit raccommodage dans la partie blanche, au milieu d'en haut de l'estampe.

1033 — Le Paysage au dessinateur (B. 219). Cl. 216. Ch. B. 320.

Très-belle épreuve.

1034 — La Chaumière et la grange à foin (B. 225). Cl. 222.
Ch. B. 327.
Très-belle épreuve; malheureusement la partie blanche du papier formant
la moitié de l'estampe a été rapportée.

1035 — La Barque à la voile (B. 228). Cl. 225. Ch. B. 329.
Très-belle épreuve.

1036 — La Compagne du peseur d'or (B. 234). Cl. 231. Ch.
B. 334.
Contre-épreuve.

1037 — L'Abreuvoir de la vache (B. 237). Cl. 234. Ch.
B. 337.
Belle épreuve.

1038 — Vieillard portant la main à son bonnet (B. 259).
Belle épreuve du 2ᵉ état, avant que la planche ait été achevée par
Schmidt.

1039 — Homme avec chaîne et croix (B. 261). Cl. 258. Ch.
B. 257.
Belle épreuve du 2ᵉ état, avant le prolongement des travaux au bord su-
périeur de la planche.

1040 — Vieillard à grande barbe et bonnet fourré (B. 262)..
Cl. 259. Ch. B. 270.
Très-belle épreuve.

1041 — Homme à barbe courte et bonnet fourré (B. 263).
Cl. 260. Ch. B. 267.
Belle épreuve.

1042 — Vieillard à barbe carrée (B. 265). Cl. 262. Ch.
B. 271.
Très-belle épreuve.

1043 — La même estampe.
Belle épreuve, avec marge.

1044 — Portrait de Janus Silvius (B. 266). Cl. 263. Ch.
B. 186.
Belle épreuve.

1045 — Portrait de Renier Ansloo (B. 271). Cl. 268. Ch. B. 170.

Très-belle épreuve, tirée sur papier de Chine.

1046 — Jeune homme assis et réfléchissant (B. 268). Cl. 265. Ch. B. 258.

Ancienne épreuve.

1047 — Portrait de Menassé Ben-Israël (B. 269). Cl. 266. Ch. B. 183.

Belle épreuve.

1048 — Portrait de Faustus (B. 270). Cl. 267. Ch. B. 84.

Belle épreuve.

1049 — Portrait de Clément de Jonge (B. 272). Cl. 269. Ch. B. 180.

Belle épreuve.

1050 — Portrait d'Abraham France (B. 273). Cl. 270. Ch. B. 176.

Belle épreuve.

1051 — Portrait du jeune Haaring (B. 275). Cl. 272. Ch. B. 179.

Très-belle épreuve du 2e état, avant le tableau dans le fond, à gauche. Rare.

1052 — Portrait de Jean Lutma (B. 276). Cl. 273. Ch. B. 182.

Belle épreuve du 3e état.

1053 — Portrait de Jean Asselin (B. 277). Cl. 274. Ch. B. 171.

Belle épreuve.

1054 — Portrait de Wtenbogardus (B. 279). Cl. 276. Ch. B. 189.

Belle épreuve.

1055 — Portrait de Jean Silvius (B. 280). Cl. 277. Ch. B. 187.

Très-belle épreuve; elle a un faible dans le papier, qui est soutenu par une petite bande.

1056 — Utenbogaerd (B. 281). Cl. 278. Ch. B. 190.
Belle épreuve tirée sur papier du Japon. (Collection H. Dreux.)

1057 — Le grand Coppenol (B. 283). Cl. 280. Ch. B. 175.
Belle épreuve de la planche réduite.

1058 — Seconde Tête orientale (B. 287). Cl. 284. Ch.
B. 288.
Superbe épreuve.

1059 — Vieillard à grande barbe (B. 290). Cl. 287. Ch.
B. 286.
Belle épreuve.

1060 — Tête d'homme chauve (B. 292). Cl. 289. Ch.
B. 272.
Belle épreuve de la planche réduite.

1061 — Vieillard à tête chauve (B. 294). Cl. 291. Ch.
B. 274.
Belle épreuve.

1062 — Vieillard à grande barbe et calotte (B. 295). Cl. 18.
de l'œuvre de F. Bol.
Très-belle épreuve.

1063 — La même estampe.
De la même qualité.

1064 — Tête d'homme de face (B. 304). Cl. 300. Ch.
B. 650.
Belle épreuve.

1065 — Homme avec bonnet (B. 307). Cl. 303. Ch.
B. 264.
Belle épreuve.

1066 — Portrait de Rembrandt avec trois crocs (B. 319).
Cl. 28. Ch. B. 224.
Belle épreuve.

1067 — Tête de Rembrandt aux yeux hagards, coiffée d'un bonnet coupé par le haut (B. 320). Cl. 33. Ch. B. 217.
Belle épreuve.

1068 — Homme à moustaches et à grand bonnet (B. 321). Cl. 314. Ch. B. 266.
Belle épreuve.

1069 — Tête grotesque (B. 326). Cl. 319. Ch. B. 301.
Belle épreuve.

1070 — Vieille femme assise (B. 343). Cl. 333. Ch. B. 196.
Belle épreuve de la planche réduite à l'ovale.

1071 — Autre vieille femme assise (B. 344). Cl. 334. Ch. B. 197.
Belle épreuve.

1072 — La Liseuse (B. 345). Cl. 335.
Belle épreuve.

1073 — Vieille femme coiffée à l'orientale (B. 348). Cl. 338. Ch. B. 198.
Morceau toujours faible.

1074 — Buste de la mère de Rembrandt (B. 349). Cl. 339. Ch. B. 193.
Très-belle épreuve.

1075 — Mauresse blanche (B. 357). Cl. 347. Ch. B. 241.
Très-belle épreuve.

1076 — Tête de femme (B. 358). Cl. 348. Ch. B. 243.
Belle épreuve.

1077 — Feuille avec six têtes de femmes, au milieu desquelles est le portrait de la femme de Rembrandt (B. 365). Cl. 355. Ch. B. 249.
Très-belle épreuve.

1078 — La même estampe.
Belle épreuve.

1079 — Trois têtes de femmes, dont une qui dort (B. 368). —
Cf. 358. Ch. B. 251.
Belle épreuve.

1080 — Descente de croix. — Portraits du grand Coppenol
et du bourgmestre Six. 3 copies.

1081 — Le Tailleur de plumes (B. 28). Cl. 34. des pièces
douteuses.
Première et très-belle épreuve avant que la planche ait été réduite.

GUIDO RENI, dit le Guide

1082 — La Vierge avec l'Enfant-Jésus (B. 1).
Belle épreuve du 1er état, avec l'adresse de *N. Van Aelst.*

1083 — La même estampe.
Épreuve du 2e état.

1084 — La Vierge avec l'Enfant Jésus (B. 3).
Très-belle épreuve.

1085 — La Vierge avec l'Enfant Jésus (B. 4).
Belle épreuve.

1086 — La Vierge et l'Enfant Jésus (B. 6 et 7). Deux
estampes.
Belles épreuves.

1087 — Sainte Famille. Première planche (B. 9). — Sainte
Famille. Deuxième planche (B. 10). — Sainte Famille.
Troisième planche (B. 11). 3 pièces.
Belles épreuves.

1088 — L'Enfant Jésus et saint Jean-Baptiste (B. 12). —
Très-belle épreuve.

1089 — Saint Christophe (B. 14). — Saint Jérôme (B. 15).
2 pièces.

1090 — L'Amour de l'étude (B 16). — Jésus-Christ mis au
tombeau, d'après le Parmesan (B. 46).

1091 — La Fille portant le coussin, d'après le Parmesan (B. 48). — La Fille portant un crucifix, d'après le même (B. 49).

Belles épreuves du 1er état, avant le nom du maître; elles ont de grandes marges.

1092 — La Sainte Famille et sainte Claire, d'après An. Carrache (B. 50).

Première épreuve avant l'adresse de *N. Van Aelst*.

1093 — La Vierge avec l'Enfant Jésus, d'après le même (B. 51).

Belle épreuve.

1094 — Jésus-Christ et la Samaritaine, d'après An. Carrache (B. 52). — Saint Roch distribuant son bien aux pauvres, d'après le même (B. 53). Deux pièces.

1095 — Trois estampes pour les funérailles d'Augustin Carrache (B. 54, 55 et 56).

Belles épreuves avec marges. Rares.

1096 — Judith, d'après le Guide (B. 1 des pièces de l'école de Guido Reni).

Belle épreuve, plus une autre estampe de la même composition gravée en contrepartie. Deux pièces.

1097 La Sainte Vierge, d'après le Guide (B. 2),

Belle épreuve.

1098 — Jésus-Christ, la Vierge et treize Apôtres (B. 9 à 23).

Belles épreuves imprimées sur une seule feuille.

1099 — Saint Michel (B. 29).

Très-belle épreuve.

1100 — Judith, par J. Rabasse (R. D. 1). — Didon, par S. Vouillemont. 2 pièces.

Belles épreuves.

1101 — Vénus et l'Amour, par J. Gallinari. Lucrèce gravé à l'eau-forte. — David tenant la tête de Goliath, par Ganière. 3 p.

RIBERA (Joseph), dit l'Espagnolet

1102 — Le Corps mort de Jésus-Christ (B. 1).

Très-belle épreuve.

1103 — Saint Jérôme lisant (B. 3).

Belle épreuve.

1104 — Saint Jérôme (B. 4).

Superbe épreuve du 1er état, avant des retouches et les initiales de F. V. Van den Wyngaerde.

1105 — Saint Jérôme (B. 5).

Belle épreuve, avec les coulures d'eau-forte apparentes.

1106 — Le Martyre de saint Barthélemy (B. 6).

Très-belle épreuve.

1107 — Saint Pierre (G. 7).

Très-belle épreuve avant les initiales de F. Van den Wyngaerde.

1108 — Tête d'homme à poireaux (B. 9).

Belle épreuve.

1109 — Le Poète (B. 10).

Belle épreuve.

1110 — Le Satyre fouetté (B. 12).

Belle épreuve; elle a de la marge.

1111 — Silène (B. 13).

Très-belle épreuve, plus une copie en contre-partie.

RICCI (Marc)

1112 — Paysage (B. 11, 11 et 18. 3 p.

Belles épreuves.

RICHOMME (J.-Th.)

1112 bis — Neptune et Amphitrite, d'après J. Romain.

Très-belle épreuve d'artiste, sur papier de Chine.

RIDINGER (Jean-Elie)

1113 — Neuf sujets d'animaux dans des ronds, d'après J. H. Roos.

Belles épreuves.

1114 — Cinq sujets d'animaux, d'après J.-H. Roos.
Belles épreuves.

ROBETTA

1115 — L'Adoration des rois (B. 6).
Très-belle et ancienne épreuve.

RODERMONT

1116 — Jacob et Esaü.
Belle épreuve.

1117 — Portrait de Jean Second, célèbre poète.
Très-belle épreuve.

ROETTIERS (F.)

1118 — Jésus tombé sous sa croix. — Jésus élevé en croix.
d'après Largillière. — Le Serpent d'airain, Moïse montrant aux Israélites les tables de la loi. Quatre estampes

ROGMAN (ROELANT)

1119 — Trois paysages.
Belles épreuves.

ROLAND

1120 — Paysage.
Belle épreuve.

ROLLI (J.-M.)

1121 — La Charité (B. 3). — La Religion et Uranie
(B. 4). 2 p.
Belles épreuves.

1122 — Frontispice d'un livre de paysages par le Guerchin.
Dédié à François II, duc de Modène, sur la gauche le
buste couronné du Guerchin dans un médaillon soutenu par deux Génies. Grande pièce en largeur, non
décrite par Bartsch.
Larg. 410 mill. Haut. 265 mill.

ROOS (JEAN-HENRI)

1123 — Différents moutons et chèvres. Suite de huit estampes (B. 10-17).
Magnifiques épreuves du 1er état, à l'eau-forte pure, avant nombre de
travaux ajoutés par le maître, avant l'adresse de J. de Ram et avant les
numéros. Extrêmement rare.

1124 — Les Moutons près de la haie (B. 20).
Superbe épreuve du 1er état, avant le numéro.

1125 — La même estampe.
Belle épreuve.

1126 — Le Bœuf, la Chèvre, et le Bélier (B. 19).
Belle épreuve.

1127 — Les Chèvres et les Chevreaux (B. 22).
Très-belle épreuve du 2e état.

1128 — Le Groupe de cinq moutons (B. 25).
Superbe épreuve du 1er état, avant le numéro.

1129 — Les Muletiers (B. 24).
Très-belle épreuve.

1130 — Les Moutons près de la colonne (B. 25).
Très-belle épreuve du 2e état.

1131 — La même estampe.
Très-belle épreuve du même état.

1132 — Le Taureau couché (R. 26).
Très-belle épreuve du 2e état.

1133 — Les Moutons en repos (B. 27).
Superbe épreuve du 1er état, avant le numéro.

1134 — L'Ane et les Moutons (B. 28).
Très-belle épreuve du 1er état, avant le numéro.

1135 — Le Mouton tondu, et le Bélier (B. 36).
Superbe épreuve. Très-rare.

1136 — Les Chèvres (B. 37).
Superbe épreuve. Très-rare.

1137 — Le Berger et son troupeau en repos (B. 38).
Superbe épreuve. Extrêmement rare.

ROSA (SALVATOR)

1138 — Démocrite (B. 7). — Apollon et la Sybille Cumée (B. 17). — Glaucus et Scylla (B. 20). — Le Baptême.
Grande pièce attribuée à Salvator Rosa. Quatre estampes.

1139 — Figures de femmes (B. 81 à 86). Suite de six estampes.
Très-belles épreuves.

ROSA (François)

1140 — Sainte Cécile refusant d'obéir au préfet de Rome, d'après le Dominiquin (B. 3).
Belle épreuve.

ROSSI (J.), dit le Vieux

1141 — Les deux Enfants, d'après le Guerchin (B. 4). — Les deux Enfants, d'après le Guide (B. 5).
Très-belles épreuves.

ROTARI (P.)

1142 — Sujets de saints. — Sujets religieux. 5 p.

RUBENS (Pierre-Paul)

1143 — Sainte Catherine.
Superbe épreuve.

1144 — Saint François recevant les Stigmates.
Belle épreuve.

SUJETS & PAYSAGES GRAVÉS D'APRÈS P. RUBENS
PAR DIFFÉRENTS GRAVEURS

BAILLIU (Pierre de)

1145 — Jésus-Christ en prière au jardin des Oliviers (Basan, 66 du Nouveau-Testament).
Superbe épreuve, avec l'adresse de P. Van den Wyngaerde; elle a de la marge.

BLOEMAERT (Corneille)

1146 — Mélagre qui présente la hure du sanglier de Calydon à Atalante (21 des sujets de la Fable).
Superbe épreuve.

BOLSWERT (Boèce A.)

1147 — La Résurrection de Lazare (61 du Nouveau-Testament).
Magnifique épreuve.

BOLSWERT (Schelte A.)

1148 — Le Serpent d'Airain (16, de l'Ancien-Testament).
Superbe épreuve avant le raccord des travaux au-dessus des armes, et
avant l'adresse de *Gillis Hendricx*. Rare.

1149 — Nativité (7, du Nouveau Testament).
Très-belle épreuve, avec l'adresse de *Martin Vanden Enden*.

1150 — Retour d'Égypte (29 du Nouveau-Testament),
Superbe épreuve, avec l'adresse de *Martin Vanden Enden*.

1151 — Sainte Famille, où l'Enfant Jésus tient un oiseau
(58 des sujets de Vierges).
Superbe épreuve du 1ᵉʳ état, avant l'adresse de *Gillis Hendricx*.

1152 — La même estampe.
Très-belle épreuve avec l'adresse.

1153 — La Fille d'Hérodiade présentant la tête de saint Jean
à sa mère (41 du Nouveau-Testament).
Très-belle épreuve, avec l'adresse de *Gillis Hendricx*.

1154 — Le Christ à la lance (87 du Nouveau-Testament).
Très-belle épreuve, avant l'année 1631, après le privilége.

1155 — La Résurrection (109 du Nouveau-Testament).
Belle épreuve.

1156 — La Trinité, où l'on voit Jésus-Christ mort sur les
genoux du Père Eternel (123 du Nouveau-Testament).
Très-belle épreuve, avec l'adresse de *Gillis Hendricx*

1157 — Les Quatre évangélistes (128 du Nouveau-Testament).
Très-belle épreuve, avec l'adresse de *N. Lauwers*.

1158 — La Conversion de saint Paul (129 du Nouveau-
Testament).
Très-belle épreuve.

1159 — Les Pères de l'Eglise, et sainte Claire au milieu d'eux tenant le Saint-Sacrement (4 de l'Histoire et allégories sacrées).
Très-belle épreuve, avec l'adresse de N. Lauwers.

1160 — Assomption de la Vierge (4 des sujets de Vierges).
Très-belle épreuve, avec l'adresse de *Gillis Hendricx.*

1161 — Assomption de la Vierge où l'un des disciples lève la pierre du sépulcre (5 des sujets de Vierges).
Superbe épreuve du 1er état, avec l'adresse de *Martin Vanden Enden.*

1162 — La Sainte Vierge que l'enfant Jésus embrasse (30 des sujets de Vierges).
Très-belle épreuve, avec l'adresse de Gillis Hendricx.

1163 — Sainte Famille, où l'Enfant Jésus et saint Jean caressent un agneau (44 des sujets de Vierges).
Superbe épreuve du 1er état, avec l'adresse de *Martin Vanden Enden;* elle a une petite marge.

1164 — Saint Ignace de Loyola et saint François-Xavier, debout (27 des sujets de Saints).
Belle épreuve.

1165 — Sainte Thérèse, aux pieds de Jésus-Christ, intercédant pour la délivrances des âmes du purgatoire (33 des sujets de Saintes).
Superbe épreuve du 1er état, avec l'adresse de *Martin Vanden Enden;* elle a de la marge.

1166 — Des Nymphes avec du gibier, et des Satyres chargés de fruits. Morceau connu sous le nom de : *Retour de la chasse* (26 des sujets de la Fable).
Très-belle épreuve, avec l'adresse de *Gillis Hendricx.*

1167 — Silène ivre soutenu par un homme et par un Satyre. (66 des sujets de la Fable).
Très-belle épreuve, avant l'adresse de *H. de Wit.*

1168 — Chasse aux lions (1 des différentes suites).
Belle épreuve, avec l'adresse de *Bolswert;* elle a de la marge.

1169 — Paysage où se voient plusieurs ruines et sur le devant duquel sont deux femmes (27-1 des différentes suites).
Très-belle épreuve.

1170 — Paysage avec des ruines sur le devant et une jeune fille dans l'eau jusqu'à mi-jambes (27-2 des différentes suites).
Très-belle épreuve.

1171 — Paysage, où se voit un filet à prendre des oiseaux attaché à des arbres (27-3 des diff. suites).
Très-belle épreuve.

1172 — Paysage avec un pont de bois, et un berger appuyé sur sa houlette (27-4 des diff. suites).
Superbe épreuve avant toutes lettres. Extrêmement rare.

1173 — Paysage où se voit une charrette attelée de deux chevaux (27-5 des diff. suites).
Très-belle épreuve.

1174 — Paysage représentant un orage. Sur le devant est un homme qui se bouche les yeux et une femme ayant une partie de ses jupes sur la tête (27-7 des diff. suites.)
Très-belle épreuve

1175 — Paysage sans figures sur le devant ; dans le fond parait un nuage épais (27-6 des diff. suites).
Très-belle épreuve.

1176 — Paysage avec une laitière et une femme qui puise de l'eau (27-8 des diff. suites).
Très-belle épreuve.

1777 — Le même paysage. Copie en contre-partie.
Très-belle épreuve, avec l'adresse de G. Hubertt.

1178 — Paysage avec des saules et une petite rivière (27-9 des diff. suites).
Très-belle épreuve.

1179 — Paysage où l'on voit un berger assis à côté d'une laitière et autres figures (27-10 des diff. suites).
Très-belle épreuve, avec l'adresse de *Martin Vanden Enden*.

1180 — Paysage représentant un clair de lune (27-14 des diff. suites).
Très-belle épreuve.

1181 — Paysage avec un arc-en-ciel (27-11 des diff. suites).
Très-belle épreuve.

1182 — Paysage sur le devant duquel on voit plusieurs hommes et femmes qui folâtrent ensemble (27-15 des diff. suites).
Très-belle épreuve.

1183 — Paysage où l'on voit une femme portant un panier sur sa tête (27-16 des diff. suites).
Très-belle épreuve.

1184 — Paysage représentant une forêt où se fait une chasse (27-17 des diff. suites).
Très-belle épreuve.

1185 — Paysage sur le devant duquel on voit un berger assis (27-18 des diff. suites).
Très-belle épreuve.

1186 — Paysage sur le devant duquel se voient plusieurs femmes occupées à traire des vaches (27-19 des diff. suites).
Superbe épreuve avant toutes lettres. Extrêmement rare.

1187 — Le même paysage.
Très-belle épreuve,

1188 — Paysage où se voit une danse de villageois (27-20 des diff. suites).
Très-belle épreuve.

1189 — Suite de quatre grands paysages (32,33, 34 et 35 des diff. suites).
Très-belle épreuve, avec l'adresse de *Gillis Hendriez*.

CLOUWET (Pierre)

1190 — Descente de croix (97 du Nouveau Testament)...........
Superbe épreuve, avec l'adresse de J. Meyssens.

CAUKERKEN (Cor. van)

1191 — Martyre de saint Lievin, évêque de Gand-(36 des sujets de Saints).
Magnifique épreuve du 1er état, avant l'adresse de *Gasp. de Hollander.* Très-rare de cette beauté.

GALLE (Corneille)

1192 — Judith coupant la tête à Holopherne (23 de l'Ancien-Testament).
Superbe épreuve avant toutes lettres et avec des retouches au pinceau de la main de Rubens. Unique en cet état.

1193 — Vénus allaitant les Amours (44 des sujets de la Fable).
Très-belle épreuve.

HEIL (Léon van)

1194 — Une Danse de seize personnes auprès-d'un grand arbre (41 des allégories, etc).
Superbe épreuve. Rare.

JODE (Pierre de)

1195 — Jésus-Christ donnant les clefs à saint Pierre (49 du Nouveau Testament).
Superbe épreuve, avec l'adresse de *Martin Vanden Enden.*

LAUWERS (Nicolas)

1196 — Adoration des Rois (18 du Nouveau Testament).
Superbe épreuve; elle a de la marge. Rare de cette condition.

LOMMELIN (Adrien)

1197 — Adoration des Rois (19 du Nouveau Testament)...........
Belle épreuve, avant l'adresse de *Gaspard Huberti.*

MEYSSENS (Jean)

1198 — Méléagre présentant la hure du sanglier de Calydon à Atalante (19 des sujets de la fable).
Superbe épreuve.

NEEFS (Jacques)

1199 — Le Martyre de saint Thomas (48 des sujets de Saints).
Belle épreuve.

ORLEY (Richard van)

1200 — La chute des Réprouvés (125 des sujets du Nouveau Testament).
Très-belle épreuve.

1201 — Bacchus ivre soutenu par des satyres (59 des sujets de la fable.
Très-belle épreuve.

1202 — La même estampe.
Très-belle épreuve.

PONTIUS (Paul)

1203 — Jésus-Christ mort sur les genoux de la Vierge, et un saint François à côté (101 du Nouveau Testament).
Très-belle épreuve.

1204 — Sainte Famille (56 des sujets de Vierges).
Belle épreuve.

1205 — Thomiris faisant plonger la tête de Cyrus dans un bassin de sang humain (22 des sujets de l'histoire).
Superbe épreuve.

PONTIUS et **VOSTERMAN**

1206 — Têtes de philosophes et d'Empereurs, dessinées d'après l'antique : 1° Sophocles, 2° Socrate, 3° Démocrite, 4° Hippocrate, 5° Platon, 7° Scipion l'Africain, 10° Brutus, 11° Sénèque, 12° Néron. Neuf estampes (6 des médailles).
Très-belles épreuves du 1er état.

SOUTMAN (Pierre)

1207 — La Cène, dessinée par Rubens, d'après l'original de Léonard de Vinci (64 du Nouveau Testament).
Superbe épreuve du 1er état, avant le nom de Rubens; elle a de la marge.

VISSCHER (C.)

1208 — Couronnement de la Vierge (18 des sujets de Vierges). (Smith 7).

Très-belle épreuve avant l'adresse de *F. de Wit*.

1209 — Saint François d'Assise, recevant l'Enfant Jésus des mains de la Vierge (13 des sujets de Saints) (Smith 14).

Superbe épreuve du 1ᵉʳ état, avec l'adresse de *P. Soutman* et avant le nom du graveur; elle a de la marge.

VOSTERMAN (Lucas)

1210 — Loth sortant de Sodome (3 de l'Ancien Testament).

Superbe épreuve; elle a une petite marge.

1211 — Suzanne au bain surprise par les Vieillards (29 de l'Ancien Testament).

Belle épreuve; elle est un peu tachée.

1212 — Nativité (12 du Nouveau Testament).

Belle épreuve.

1213 — Retour d'Egypte (30 du Nouveau Testament).

Très-belle épreuve.

1214 — La Vierge et l'Enfant Jésus qui dort dans un berceau (25 des sujets de Vierges).

Belle épreuve.

1215 — Sainte Famille, où la Vierge est appuyée sur un berceau (48 des sujets de Vierges).

Belle épreuve.

1216 — Martyre de Saint-Laurent (37 des sujets de Saints).

Superbe épreuve portant au verso la signature de *P. Mariette* et la date de 1680.

1217 — La même estampe.

Très-belle épreuve.

WITDOUC (Jean)

1218 — Melchisedech ayant béni du pain et du vin, le présente à Abraham (10 de l'Ancien Testament).

Très-belle épreuve.

1219 — L'Adoration des rois (18 du Nouveau Testament).
Superbe épreuve du 1ᵉʳ état, non décrit, avant toutes lettres. Extrêmement rare.

1220 — La même estampe.
Très-belle épreuve avec la lettre; mais avant divers changements faits à la tête du roi qui est au milieu des deux autres rois.

1221 — Elévation en croix. Grande et belle pièce en trois feuilles (78 du Nouveau Testament).
Très-belles épreuves, non assemblées; elles ont de la marge.

1222 — La même estampe.
Epreuve ordinaire.

1223 — Jésus-Christ au tombeau, où l'une des saintes femmes apporte de la paille (106 du Nouveau Testament).
Superbe épreuve.

1224 — La même estampe.
Belle épreuve.

1225 — Jésus-Christ à table avec les pèlerins d'Emaus (114 du Nouveau Testament).
Superbe épreuve du 1ᵉʳ état, avant toutes lettres. Extrêmement rare.

1226 — Assomption de la Vierge (8 des sujets de Vierges).
Superbe épreuve du 1ᵉʳ état, avant l'adresse de C. Van Merlen; elle a de la marge.

1227 — Sainte Famille (46 des sujets de Vierges).
Belle épreuve.

1228 — Sainte Famille, où la Vierge assise tient l'Enfant Jésus qui dort sur son sein (50 des sujets de Vierges).
Superbe épreuve du 1ᵉʳ état, avant l'adresse de Moermans; elle porte au verso la signature de P. Mariette et la date de 1571.

1229 — La même estampe.
Belle épreuve.

1230 — Saint Just décollé, et tenant sa tête entre ses mains (35 des sujets de Saints).
Belle épreuve.

WYNGAERDE (François van den)

1231 — Bacchanale, où l'on voit un faune ivre, appuyé sur un tigre (53 des sujets de la fable).
Très-belle épreuve.

1232 — Des Soldats faisant du tapage (63 des allégories).
Très-belle épreuve.

RUBENS (P.-P.), fec.

1233 — Le départ de l'Enfant prodigue. — L'Enfant prodigue en débauche. Deux petites pièces en hauteur.
Très-belles épreuves.

RUYSDAEL (Jacques)

1234 — Le Petit-Pont (B. 1).
Belle épreuve.

1235 — Les deux Paysans et leur chien (B. 2).
Belle épreuve.

1236 — La Chaumière au sommet de la colline (B. 3).

1237 — Le Champ bordé d'arbres (B. 5).
Très-belle épreuve. Collection John Barnard.

SACCHI (Cu.)

1238 — Arca di sonto Agostino fatta in Pauia d'Alabastro C° 1362.
Grande pièce divisée en seize compartiments représentant des saints dans des niches. Inconnue à Bartsch.
H. 32 mill. L. 283 mill.

SADELER (Raphael)

1239 — Le Christ mort, d'après J. Stradan. — Paysage, d'après P. Bril. — La Visitation, par J. Sadler. Trois estampes.
Belles épreuves.

SADELER (Gilles)

1240 — La Vierge et l'Enfant Jésus dans un riche paysage, d'après A. Durer. — Vierge debout dans un paysage, d'après le même. — La Charité, épreuve avant toutes lettres. — Trois paysages d'après Stephani et Savery. Six estampes.

Belles épreuves.

SAENREDAM (Jean)

1241 — Eve persuadant à Adam de manger du fruit de l'Arbre de vie, d'après C. Cornelis (B. 35).

Superbe épreuve du 1er état, avant toutes lettres.

1242 — David tenant la tête de Goliath, d'après L. de Leyde (B. 109).

Belle épreuve.

SAFTLEVEN (H.)

1243 — Portrait du maître (B. 1).

Belle épreuve.

1244 — Le Pays montueux (B. 17).

Superbe épreuve. Très-rare.

1245 — La Femme trayant la vache (B. 34).

Ancienne et belle épreuve. Ces deux estampes proviennent de la collection d'Arozarena.

SAINT-AUBIN (Augustin de)

1246 — Portrait de Fénelon. Epreuve avant la lettre. — Portrait de Necker, d'après Duplessis. 2 p.

SAINT-IGNY (Jean de)

1247 — Homme jouant de la musette (R. D. 42).

Belle épreuve.

SALIMBENI (Venture)

1248 — L'Annonciation (B. 4).

Première épreuve avant l'adresse.

SAN MARTINO (Marc)

1849 — La Décollation de saint Jean-Baptiste (B. 15).

Très-belle épreuve. Collection Denon.

SART (Corneille du)

1250 — Le Couple ivre (B. 7).
Très-belle épreuve.

1251 — Le Violon assis (B. 15).
Très-belle épreuve.

1252 — La Fête de village (B. 16).
Belle épreuve.

SCALBERG (T.)

1253 — Vénus et l'Amour.
Belle épreuve.

SCARAMUCCIA (L.)

1254 — La Sainte Vierge, d'après An. Carrache (B. 1).
Belle épreuve; elle est doublée.

SCARSELLO (J.)

1255 — Bacchanale d'enfants (B. 3).
Belle épreuve.

SCHIAVONE (André)

1256 — Panneau d'ornement en hauteur (B. 16). — Autre.
Panneau d'ornement en largeur (B. 26). Deux estampes
rares.
Très-belles épreuves.

SCIAMINOSSI (R.)

1257 — La Sainte Vierge, d'après B. Castelli (B. 36). —
Sainte Madelaine, d'après le Cangiage (B. 91). Deux
estampes.
Belles épreuves.

1258 — Quatre Saints debout, d'après Raphaël.
Pièce non décrite par Bartsch.
H. 145 mill. L. 110 mill.

SCHIDONE (B.)

1259 — Sainte Famille (B. 1). Estampe unique du maître.
Belle épreuve.

SCHMIDT (G.-F.)

1260 — Pierre Mignard, premier peintre du roi, d'après Rigaud (J. 59).

Superbe épreuve.

1261 — Maurice Quentin de la Tour, représenté à mi-corps, appuyé; il est coiffé d'un bonnet; d'après lui-même (90).

Superbe épreuve du 1er état, avant toutes lettres. Extrêmemen rare.

1262 — Buste d'un jeune homme (117).

Très-belle épreuve.

1263 — Buste d'un homme du moyen âge (118).

Belle épreuve.

1264 — Vieillard habillé en Persan (120).

Très-belle épreuve.

1265 — Vieillard à moustache (121).

Belle épreuve.

1266 — Portrait d'un jeune seigneur (124).

Très-belle épreuve.

— Buste de jeune homme, en ovale (125).

Très-belle épreuve.

— Jeune fille dans un ovale (126).

Très-belle épreuve.

1267 — Buste d'un homme à tête nue (127).

Très-belle épreuve.

1268 — La Juive fiancée (128).

Très-belle épreuve.

1269 — Le Père de la Juive fiancée (129).

Très-belle épreuve.

1270 — Buste de vieillard (131).

Très-belle épreuve.

8

1271 — Portrait de Schmidt (134)..........
Très-belle épreuve.

1272 — Portrait de Mme Schmidt en couseuse (135).
Belle épreuve.

1273 — Buste de Mme Schmidt (136).
Belle épreuve.

1274 — Le prince de Gueldre menaçant son père (137).
Belle épreuve.

1275 — Le Patriarche Jacob (139).
Très-belle épreuve.

1276 — Portrait de Schmidt, dit à l'araignée. — Portrait
de Mme Schmidt (141 et 142). Ces deux portraits font
pendant.
Très-belles épreuves.

1277 — Portrait du juif Hirsch Michel (144).
Très-belle épreuve.

1278 — La Mère de Rembrandt (145).
Très-belle épreuve.

1279 — Portrait du joaillier Dinglinger, de Dresde (148).
Très-belle épreuve.

1280 — Portrait de Rembrandt dans sa jeunesse (150).
Très-belle épreuve.

1281 — Portrait de Rembrandt âgé (151).
Très-belle épreuve.

1282 — Le prince d'Orange, Guillaume second et Cats
(152).
Très-belle épreuve.

1283 — La Mère de Rembrandt appuyée devant une table.
(153).
Superbe épreuve.

1284 — Notre-Seigneur présenté au peuple (159).
Belle épreuve.

1285 — La résurrection de la fille de Jaïre (165).
Très-belle épreuve.

1286 — Le Philosophe dans sa grotte (166).
Très-belle épreuve.

1287 — Cinq têtes d'enfants (164). — Un groupe de trois enfants (171). D'après F. Flamand. Deux estampes.
Belles épreuves.

1288 — Saint Pierre après le reniement de son maître (170).
Très-belle épreuve.

1289 — Buste d'un Oriental (114). — Tête de Vieillard (115. — Buste d'un vieux guerrier (116). Trois estampes.
Belles épreuves.

1290 — Vieillard à barbe vu en buste (111). — Buste de vieillard (112). — Buste d'une vieille femme (113 — La Pouilleuse (119). Quatre estampes.
Très-belles épreuves.

SCHOENFELD (G.-H.)

1291 — Saint Jérôme dans le désert,
Très-belle épreuve.

SCHONGAUER (Martin)

1292 — L'Adoration des rois (B. 6.).
Très-belle épreuve.

1293 — Jésus-Christ à la Croix (B. 22).
Très-belle épreuve.

1294 — La Vierge au perroquet (B. 29).
Superbe épreuve.

1295 — La Vierge assise sur un siége de gazon (B. 30).
Très-belle épreuve. Collection W. Esdaile.

1296 — Saint Antoine tourmenté par les démons (B. 47).
Très-belle épreuve du 1ᵉʳ état.

1297 — Saint-Christophe (B. 48).

Très-belle épreuve.

1298 — Dieu couronnant la Vierge (B. 72).

Très-belle épreuve.

1299 — Les symboles des quatre Évangélistes. Suite de
quatre estampes de forme ronde (B. 73-76).

Belles épreuves.

1300 — L'Éléphant (B. 92).

Belle épreuve; elle est doublée.

1301 — Rinceau d'ornement, aux mûres (R. 115).

Superbe épreuve. Extrêmement rare.

SCHUPPEN (Pierre van)

1302 — La Sainte Famille. Pièce connue sous le titre de
la *Vierge à la Colombe*, d'après S. Bourdon.

Très-belle épreuve du 1er état, avant la draperie sur l'Enfant Jésus.

1303 — Charles d'Anglure de Bourlemont, archevêque de
Toulouse, d'après Ferdinaud.

Superbe épreuve.

1304 — Angélique Arnauld, abbesse de Port-Royal, d'après
Ph. de Champagne.

Très-belle épreuve.

1305 — Louis XIV, jeune, d'après Mignard.

Très-belle épreuve.

1306 — Pierre Seguier, chancelier de France, d'après C.
Lebrun.

Superbe épreuve.

1307 — Louis XIV jeune, d'après Vaillant. — Philippe de
France, d'après Nocret, par Poilly. Deux portraits.

Belles épreuves.

SCHUT (Corneille)

1308 — La Vierge et l'enfant Jésus. — Conversion de saint
Paul. — La Vierge et l'enfant Jésus dans une gloire.
Belles épreuves.

SCHUTZ (Chrétien-Georges)

1309 — Vue d'un village des bords du Rhin; sur un che-
min, à droite, quatre figures.
Très-belle épreuve avant toutes lettres.

1310 — Petit paysage, d'après Huysmans.
Très-belle épreuve.

SERY (R. de)

1311 — Loth et ses filles. Jolie pièce à l'eau-forte.
Rare.

SICHEM (Christophe van)

1312 — Portrait en pied de Ravaillac, en haut de l'estampe
l'on voit les portraits de Henri IV, Marie de Médicis et
et Louis XIII et dans le fond les scènes de l'exécution.
Belle épreuve.

1313 — Judith tenant la tête d'Holopherme d'après Goltzius.
Belle épreuve.

SIRANI (Jean-André)

1314 — Apollon et Marsyas. (B. 2).
Belle épreuve; au verso, trois croquis à la plume,

SIRANI (Elisabeth)

1315 — Repos en Égypte (B. 4). — Repos en Égypte
(B. 5).
Belles épreuves.

1316 — La Vierge, l'enfant Jésus et saint Jean-Baptiste,
d'après Raphaël (B. 6).
Très-belle épreuve. (Collections du comte de Fries et Gavet.)

1317 — Notre-Dame de douleurs (B. 7).
Très-bel'e épreuve.

1318 — Sainte Famille (B. 8). — Saint Eustache (B. 18).
Copie trompeuse. 2 p.

SLODTZ (R.-M.-A.)

1319 — Études de têtes et de figures drapées. Seule pièce
gravée par le maître.
Belle épreuve.

SMEES (J.)

1320 — Paysage (B. 1).
Très-belle épreuve.

SOLE (J.-B. DEL)

1321 — Décoration intérieure d'église pour une cérémonie
funèbre, d'après *Richinus*, architecte et J.-Ch. Storer,
dessinateur. Estampe inconnue à Bartsch. H. 333 mill.
L. 270 mill.
Très-belle épreuve.

SOLIS (VIRGILIUS)

1322 — Le Bain des Anabaptiste, d'après H. Aldegraver
(B. 9, des pièces douteuses).
Superbe épreuve.

1323 — La même estampe.
Belle épreuve.

1324 — Jupiter et Calisto. Pièce gravée dans le goût du
Primatice, inconnue à Bartsch.
Superbe épreuve.

1325 — Deux dessins de vases.
Très-belles épreuves.

SOMPEL (P. VAN)

1326 — Gaston d'Orléans, d'après VAN Dyck.
Superbe épreuve.

1327 — Ferdinand II, empereur d'Autriche, d'après Soutman.
Superbe épreuve avant le numéro.

SPIERRE (François)

1328 — La Vierge tenant sur ses genoux l'enfant Jésus qui cesse de téter pour prendre des fruits que lui présente saint Jean, d'après le Corrége.

Superbe épreuve du 1er état, avant la draperie sur l'Enfant Jésus et sur le sein de la Vierge. Extrêmement rare; elle a de la marge.

1329 — La Conception de la Vierge. d'après P. de Cortone.

Très-belle épreuve.

1330 — Portrait d'un commandeur de Malte.

Très-belle épreuve.

STEEN (F. van)

1331 — Scènes de buveurs, d'après Teniers. Composition de demi-figures. Quatre estampes.

Très-belles épreuves.

1332 — L'Avare, d'après Teniers.

Très-belle épreuve.

1333 — Charles II, roi d'Angleterre, d'après Jean Vanden Hoecke.

Très-belle épreuve; elle a de la marge.

STEEN (Jean), attribué à

1334 — Paysan coiffé d'un chapeau. — Femme assise. Deux petites pièces gravées à l'eau-forte.

STELLA (Antoinette)

1335 — Des bergers découvrant sur les bords du Tibre Rémus et Romulus qu'une louve allaite, d'après Antoine Stella.

Superbe épreuve du 1er état, avant le nom du peintre. Très-rare.

STOOP (Thierry)

1336 — Le Voyage de Catherine, infante de Portugal, allant épouser Charles second, roi de la Grande-Bretagne. — Suite de sept estampes. (B. 13 à 19).

1° The entrance of the lord ambassador Mountague into the Citty o Lisbonne the 28 day of march 1662.

2° The publique proceeding of the queenes Matie of Great Britaine trough y City of Lisbone J. 20 day of apvrill 1662.

3° The manner how her Matie Dona Catherina jmbarketh from Lisbon for England.

4° The Duke of York's meeting with ye royal navy after in came into the Channel.

5° The manner of the queenes Maties landing at Portsmouth.

6° The triumphal entertainement of ye king and queenes Matie by y Right hon^{ble} y Lord Maior and Cittizens of London at thier coming from Hampton-Courts to Withehall (on y River of Thames). Aug : y 23 1662.

7° The comming of ye kings Matie and y queenes from Portsmouth to Hamptoncourt.

Très-belles épreuves. Suite extrêmement rare à trouver complète.

1337 — Différents chevaux (B. 4, 6. 7, 8, 9, 10 et 11). Sept pièces.

Très-belles épreuves avant les numéros; les n°s 6 et 7 sont restaurés.

1338 — Différents chevaux (B. 2, 3, 5, 7, 9, 11 et 12). Sept estampes.

Anciennes épreuves.

STORER (Chr.)

1339 — Bacchanale au Silène.

Très-belle épreuve.

STRADA (V.)

1340 — La sainte Vierge (B. 12).

Belle épreuve.

STRANGE (Robert)

1341 — Portrait des enfants de Charles Ier, d'après Van Dyck.

Très-belle épreuve.

1342 — Le Retour du marché, d'après Wouwermans.

Belle épreuve.

SUBLEYRAS (P.)

1343 — La Madeleine aux pieds du Christ (R. D. 3).

Belle épreuve.

SUYDERHOEF (Jonas)

1344 — Albert II, roi de Hongrie (J. W. 3).

Superbe épreuve du 1er état, avant le numéro.

1345 — René Descartes (W. 23).

Très-belle épreuve du 1er état, avec l'adresse de P. Goos.

1346 — Daniel Heinsius (351).

Très-belle épreuve du 2e état, avec l'adresse de C. Banheinningh, à laquelle a été substituée celle d'Allard.

1347 — Franz Herman ou Heerman (37).

Très-belle épreuve.

1348 — Hendrick de Keyser (46).

Très-belle épreuve.

1349 — Franz Port (68).

Superbe épreuve du 1er état; elle est signée au verso de J.-G. Wille, 1750. Très-rare.

1350 — Sigismond III, roi de Pologne, d'après Soutman (81).

Très-belle épreuve du 1er état, avant le numéro.

1351 — Eléazar Swalmius, pasteur de l'église d'Amsterdam, d'après Rembrandt (84).

Superbe épreuve du 1er état, avec l'adresse de P. Goos.

1352 — Wickenburg, d'après F. Hals (97).

Superbe épreuve avant l'adresse de C. Vanden Schalcke.

1353 — Les Bourgmestres d'Amsterdam, d'après T. Keyzer (102).

Superbe épreuve.

1354 — La Nuit, d'après J. Sandrart (111).

Très-belle épreuve.

1355 — Les Joueurs de trictrac, d'après Ostade (119).

Superbe épreuve avant l'adresse de Clément de Jonghe. Rare.

1356 — Trois vieilles femmes dans une chambre s'occupant à boire. Pièce connue sous le nom des *Trois commères* d'après Ostade (120).

Superbe épreuve du 1er état, avec les angles de la planche blancs, et avant l'adresse de Danckeerts. Très-rare; elle a de la marge. (Collection Fries.)

1357 — La Querelle des joueurs, pièce dite le *Coup de couteau*, d'après Terburg. (122).

Superbe épreuve du 1er état, avant la lettre et l'adresse de Clément de Jonghe. Très-rare.

1358 — Fumeurs assis devant un cabaret, d'après Ostade. Pièce connue sous le nom du *Manche à balai* (124).

Superbe épreuve du 1er état, avant toutes lettres et avant grand nombre de travaux dans toute la planche; elle a de la marge, Extrêmement rare.

1359 — La même estampe.

Très-belle épreuve du 2e état avant l'adresse de Clément de Jonghe. Elle a de la marge.

1360 — La Querelle des paysans, ou le *Coup de couteau*, d'après Ostade (127).

Magnifique épreuve du 1er état, avant l'adresse de Clément de Jonghe et avant grand nombre de travaux. Extrêmement rare.

1361 — Le Bal des paysans, d'après Ostade (128).

Superbe épreuve du 1er état, avec l'adresse de *P. Goos*, qui a été remplacée par colle de *Danckerts*.

SWANEWELT (HERMAN)

1362 — *Variae campestrum fantasiae*. Suite de vingt-quatre estampes dans des formes ovales (B. 1-24).

Très-belles épreuves.

1363 — Paysage sur une planche ovale (B. 25).

Très-belle épreuve avec marge. Morceau rare. Collection Debois.

1364 — Différents animaux. Suite de sept planches (B. 26-32).

Belles épreuves.

1365 — Les mêmes estampes (B. 27, 28, 29, 30 et 32.)
Très-belles épreuves du 1er état, avant la lettre.

1367 — Saint Jean-Baptiste dans le désert. — Jésus-Christ tenté par le démon (B. 34 et 35).
Très-belles épreuves.

1368 — Paysages ornés de satyres. Suite de quatre estampes (B. 49-52).
Très-belles épreuves du 1er état, avant l'adresse.

1369 — Diverses vues de Rome. Suite de treize estampes (B. 53-65).
Superbes épreuves du 1er état, avec l'adresse du maître. (Collection du comte de Fries.)

1370 Le petit pont de bois (B. 82).
Très-belle épreuve avec l'adresse du maître.

1371 — Différents paysages avec ruines, fabriques et figures. Suite de douze estampes (B. 83-94).
Très-belles épreuves du 1er état, avec les mots *fecit et excudit*; elles ont de la marge.

1372 — Différents paysages ornés de fabriques. Suite de douze estampes (B. 83-94).
Superbes épreuves du 1er état, avec l'adresse du maître. Collection M. Weber.

1373 — Deux pièces doubles (B. 91-94).
Epreuves du même état.

1373 bis — Suite de six paysages où sont représentés des sujets tirés de l'Histoire d'Adonis (B. 101-106).
Superbes épreuves du 1er état, avec les mots *et excudit*; elles sont à grandes marges. Très-rare à rencontrer de cette condition.

1374 — Repos de la Sainte-Famille en Egypte (B. 100).
Très-belle épreuve du 1er état, avec l'adresse du maître.

1375 — Grands et petits paysages. Dix pièces.
Belles épreuves.

TARDIEU (Alexandre)

1376 — Portrait de La Peyrouse, d'après une miniature.
Très-belle épreuve avant la lettre.

TARDIEU (P.-A.)

1377 — Portrait de Henri IV, d'après Porbus.
Belle épreuve avant la dédicace.

TEMPESTA (Antoine)

1378 — Frise représentant des Amours vendangeurs, d'après Raphaël. Estampe inconnue à Bartsch. L. 372 mill. h. 89 mill.

Première épreuve avant le monogramme de l'artiste.

TENIERS (David)

1379 — Fête flamande. Composition de 34 figures.

Très-belle épreuve du 1er état, à l'eau-forte pure et avant grand nombre de travaux.

1380 — Réunion de buveurs et de fumeurs. Composition de sept figures, parmi, deux jouent aux cartes.

Très-belle épreuve.

1381 — Fumeur coiffé d'un chapeau; il est dirigé vers la droite.

Belle épreuve.

TESTA (P.)

1382 Abraham prêt à sacrifier Isaac (B. 2). 2 épreuves. — L'Adoration des mages (B. 3). Première épreuve avant l'adresse de *Rossi*.

1383 — La même estampe, épreuve avec l'adresse. — La sainte Vierge à genoux près de l'Enfant Jésus (B. 4), — La Sainte Famille (B. 12). Six estampes.

1384 — Les sept Sages de la Grèce discourant ensemble à table (B. 18). — La mort de Caton (B. 20). — La déesse Thétis plongeant le jeune Achille dans un vase (B. 21). — Achille traînant autour des murs de Troye le corps d'Hector (B. 22). Quatre estampes.

1385 — Jeune femme accroupie qui s'évanouit, entourée de plusieurs Amours (B. 26). — Noyés retirés de l'eau. — Les trois Parques filant près du corps d'un jeune homme mort. Ces deux dernières pièces sont non décrites par Bartsch. Trois estampes.

THOMASSIN et DESPLACES

1386 — Deux sujets de l'histoire de Didon, d'après Coypel.
Belles épreuves.

TIEPOLO (les)

1387 — Sujets de sainteté, 22 pièces.

1388 — Caprices et sujets de fantaisie, 26 pièces.

1389 — Étude de têtes, 21 pièces.

TORRE (Flamino)

1390 — La Vierge au milieu de saint Jérôme et de saint
François, d'après L. Carrache (B. 3).

TRAUTEMAN (G.)

1391 — La Résurrection de Lazare.
Très-belle épreuve.

TRÉMOLIERE (P.-C.)

1392 — Académie d'hommes, autres Académies par Collin
de Vermont. Quatre estampes.

TRIVA (Ant.)

1393 — Suzanne au bain (B. 10). — Repos en Égypte (B. 2).
Deux estampes.
Belles épreuves.

TROOSWYCK (Wouter Jean van)

1394 — Différents Animaux. Suite de douze estampes (Rigal
1-12).
Superbes épreuves; elles sont à toutes marges; extrêmement rares de
cette condition.

UDEN (Lucas van)

1395 — Paysage. Sur le devant à gauche, un paysan parle
à un homme et à une femme assis à terre (B. 3).
Superbe épreuve.

1396 — Paysage. Sur le devant à gauche, deux hommes
occupent le milieu d'une petite colline (B. 6).
Superbe épreuve. Collection du comte de Fries et Gawet.

1397 — Paysage. A gauche est une colline. Au bas de la colline, un homme est assis à terre à côté d'une femme (B. 13).
Très-belle épreuve.

1398 — Paysage. Sur le devant un grand arbre dont la cime dépasse le bord supérieur de la planche (B. 15).
Très-belle épreuve.

1399 — Paysage. Sur le devant un jeune garçon est assis à terre près d'un berger (B. 16).
Très-belle épreuve.

1400 Paysage. Au milieu du devant une femme fait marcher deux cochons (B. 19).
Très-belle épreuve.

1401 — Paysage. Au milieu de l'estampe, marche une femme tenant un bâton (B. 29).
Très-belle épreuve.

1402 — Les Chevaux à l'abreuvoir, d'après Rubens (B. 57).
Belle épreuve.

1403 — Paysage avec cinq vaches (B. 58).
Belle épreuve.

1404 — Les deux petites maisons sur la hauteur près d'un bel arbre (B. 21). Ce morceau est un de ceux que Lucas van Uden a exécutés avec beaucoup de soin.
Très-belle épreuve. Collections du comte de Fries et Gawet.

1405 — Paysage. Sur le devant, un paysan parle à une femme (B. 22). Ce morceau est un des plus beaux de l'œuvre.
Très-belle épreuve.

1406 — Vue d'un canal bordé d'arbres à hautes tiges (B. 23).
Très-belle épreuve.

1407 — Vue d'un canal étroit garni d'un bois épais (B. 25).
Très-belle épreuve.

ULIET (J.-G. VAN)

1408 — Vieille femme lisant, d'après Rembrandt (B. 18).
Cl. 18.
Belle épreuve.

1409 — Buste d'homme, d'après Rembrandt (B. 19). Cl. 19.
Très-belle épreuve.

1410 — Buste d'un Oriental, d'après Rembrandt. (B. 20)
cl. 20.
Belle épreuve.

1411 — Homme affligé, d'après Rembrandt (B. 22). Cl. 22.
Très-belle épreuve.

1412 — Buste d'homme riant, d'après Rembrandt (B. 21).
Cl. 21.
Belle épreuve.

1413 — Buste de vieillard, d'après Rembraudt (B. 23).
Cl. 23.
Belle épreuve.

1414 — Buste de vieillard, d'après Rembràndt (B. 25).
Cl. 25.
Très-belle épreuve.

1415 — La Famille (B. 56). Cl. 56.
Belle épreuve.

1416 — Suite de différentes figures (B. 60, 61, 63, 64, 65,
67, 69, 70, 72). Neuf estampes.
Très-belles épreuves. Rares.

1417 — Différents gueux ou mendiants (B. 73, 74, 75, 76,
77, 79, 80, 81). Huit estampes.
Très-belles épreuves.

UMBACH (JONAS)

1418 — Saintes Familles, paysages. Neuf estampes.
Belles épreuves.

UYTENBROUCK (MOÏSE)

1419 — Agar dans le désert (B. 4).
Belle épreuve.

VANNI (FRANÇOIS)

1420 — Saint François en extase (B. 3).
Très-belle épreuve.

TITIEN VECELLIO

1421 — Le Flûteur (B. 7). — Caricature du Laocoon. Pièce gravée sur bois. Deux estampes.

VELDE (ADRIEN VAN)

1422 — Différents animaux (B. 1, 2, 3, 4, 6, 7, 8 et 9). Huit estampes.
Belles épreuves.

1423 — La Vache et les deux Moutons au pied d'un arbre (B. 11) — Le bœuf pie et les trois moutons (12). — Les deux vaches au pied d'un arbre (13). — La brebis (14). Quatre estampes.
Belles épreuves.

1424 — Le Berger et la Bergère avec leur troupeau (B. 17).
Très-belle épreuve du 1er état; elle manque un peu de conservation.

VERSCHURING (H.)

1425 — Les Voyageurs (B. 2).
Très-belle épreuve. Pièce fort rare.

1426 — Seigneur monté sur un cheval et tenant un autre par la bride, marchant vers la gauche, derrière eux deux lévriers dont un est assis. Pièce en hauteur inconnue à Bartsch. Extrêmement rare. H. 650 mill. L. 540 mill.
Très-belle épreuve.

VERMEULEN (C.)

1427 — Nicolas de Catinat, maréchal de France.
Très-belle épreuve.

VERNET (JOSEPH)

1428 — La Plage à la grosse tour (De B. 1).
Belle épreuve.

VERTUE (G.)

1429 — Philippe II, roi d'Espagne, d'après Titien.
Belle épreuve.

VIANI (D.-M.)

1430 — Saint Joseph (B. 1). — Saint Joseph à genoux tenant l'Enfant-Jésus, près de lui la Vierge debout. Pièce non décrite par Bartsch. Deux estampes.

VIEN (J.-M.)

1431 — L'arrivée à la cuve (R. D. 6).
Belle épreuve.

VIGNON (CL.)

1432 — L'Adoration des Rois (R. D.) — Sujets de la vie du Christ (4, 10). — Le corps de saint Pierre et de saint Paul dans le même sépulcre (19). Quatre estampes.

VILLAMENA (FR.)

1433 — Silène couché par terre entre un Faune et un Satyre, d'après An. Carrache.
Belle épreuve.

VISSCHER (CORNEILLE)

1434 — Abraham arrivé à Sichem, d'après le Bassan (Catalogue de l'œuvre de C. Visscher, par M. Smith, n° 2).
Très-belle épreuve du 1ᵉʳ état, avant toutes lettres.

1435 — L'Ascension du Christ, d'après P. Véronèse (9).
Superbe épreuve du 1ᵉʳ état, avant la lettre ; elle a de la marge.

1436 — Les quatre Évangélistes.
Superbes épreuves du 1ᵉʳ état, avant que les mots *excudebat Harlemi* l'année 1650, au-dessous du nom du graveur, aient été effacés.

1437 — Monument de saint Marius (35).
Très-belle épreuve du 1er état. Rare.

1438 — Le Vendeur de mort aux rats (43).
Magnifique épreuve avant la lettre; elle porte au verso la signature de P. Mariette et la date de 1670; elle a de la marge. Extrêmement rare de cette qualité.

1439 — La Fricasseuse ou faiseuse de beignets (42).
Superbe épreuve avant l'adresse de Clément de Jonghe, placée à la gauche du nom de Visscher. Extrêmement rare de cette conservation.

1440 — La Bohémienne (44).
Superbe épreuve avant la lettre. Extrêmement rare.

1441 — La même estampe.
Très-belle épreuve avec l'adresse de Clément de Jonghe.

1442 — Les Enfants à la souricière (45).
Superbe épreuve avant le nom. Rare.

1443 — Le grand chat accroupi (46).
Très-belle épreuve.

1444 — Buste de femme, d'après le Parmesan (51).
Superbe épreuve du 1er état, avant toutes lettres.

1445 — La même estampe.
Très-belle épreuve du 2e état, avant l'adresse de G. Valck.

1446 — Paysages avec figures, d'après Berghem (53, 55 et 56) 3 p.
Belles épreuves du 2e état.

1447 — Un chirurgien qui panse un homme au pied, d'après A. Brauwer (66).
Très-belle épreuve avant la lettre. Rare.

1448 — Le Matin, d'après P. de Laer (72).
Très-belle épreuve.

1449 — Scène de clair de lune, d'après P. de Laer (73).
Très-belle épreuve.

1450. — Attaque d'un convoi, d'après P. de Laer (74).
Très-belle épreuve du 1er état, avant la lettre. Collection Graaf.

1451 — Intérieur de tabagie où des-hommes, des femmes et des enfants sont réunis près d'une cheminée. Pièce connue sous le nom des *Patineurs*, d'après Ostade (79).
Superbe épreuve avant toutes lettres. Très-rare; elle a de la marge.

1452 — La même estampe.
Très-belle épreuve avant la lettre.

1453 — Les Musiciens ambulants, d'après Ostade (80).
Superbe épreuve du 1er état, avant l'adresse de Clément de Jonghe.

1454 — Tabagie de deux hommes et d'une femme, d'après Ostade (81).
Très-belle épreuve du 1er état, avec l'adresse de Clément de Jonghe, qui plus tard a été remplacée par celle de P. Schenck. Collection Graaf.

1455. — Un homme et une femme à table dans une tabagie. Estampe connue sous le nom : *Les Mangeurs de poissons*, d'après Ostade (82).
Très-belle épreuve.

1456 — Jean Boelensz (87).
Très-belle épreuve du 2e état, avant l'adresse de F. de Wit.

1457 — Gellius Bouma, ministre de l'Évangile à Zutphen, représenté assis, vu jusqu'aux genoux (89).
Magnifique épreuve du 1er état, avant la totalité de l'écriture sur les feuillets du livre. Epreuve dite ainsi au livre blanc; elle a de la marge. Extrêmement rare de cette condition.

1458 — Le même portrait.
Belle épreuve.

1459 — Lieven van Coppenol (93).
Superbe épreuve du 1er état, avant toutes lettres et avant que le pli de la manche droite de la robe du personnage ait été ébarbé.

1460 — Constantin Huyghens (96).
Superbe épreuve du 1er état, avant toutes lettres. Très-rare. Collection Graaf.

1461 — Robert Junius (99).

Très-belle épreuve avant le nom de Visscher et l'année 1654. Collection du comte de Fries.

1462 — Engeltie Pieters Kort-Leve (101).

Très-belle épreuve. Rare. Collection Graaf.

1463 — M. L. van Kranenburgh (102).

Très-belle épreuve. Rare. Collection Graaf.

1464 — Adrien Motmans (104).

Très-belle épreuve. Collection du Comte de Fries.

1465 — Jean de Paep, représenté à mi-corps, montrant la Bourse d'Amsterdam (111).

Très-belle épreuve. Collection Graaf.

1466 — Le même portrait.

Très-belle épreuve; elle a de la marge.

1467 — Jean de Paep, représenté en buste (112).

Superbe épreuve du 1er état, avant toutes lettres. Extrêmement ra elle a une petite marge.

1468 — Philippe Rovenius (114).

Superbe épreuve du 1er état avant le nom de Visscher.

1469 — Guillaume de Ryck, célèbre oculiste d'Amsterdam (115).

Magnifique épreuve du 1er état, avant toutes lettres, avant les travaux éclaircis à la barbe, la main et l'oreille du personnage. De la plus grande rareté. (Collections du comte de Fries et Ploos Van Amstel.)

1470 — Pierre Scrivius (116).

Magnifique épreuve avec le mot *hac* pour *hæc*, au commencement de l'avant-dernier vers. Extrêmement rare.

141 — Le même Portrait.

Très-belle épreuve.

1472 — Helena Leonora de Sieueri, d'après Van Dyck (117).

Belle épreuve.

1473 — Vondel, célèbre poëte hollandais (120).

Magnifique épreuve du 2ᵉ état, avant la lettre, avec l'inscription : *C. de Visscher ad vivum deli. et sculp.*, sur le papier qui est sous la deuxième tablette, à gauche de l'estampe, et qui a été remplacée par une tête de faune. Très-rare.

1474 — Corneille Vosbergius (122).

Superbe épreuve; elle a de la marge.

1475 — Portrait de vieille Femme, que l'on dit être la mère de Visscher (128).

Très-belle épreuve.

1476 — La même estampe.

Très-belle épreuve.

1477 — Autre Portrait de la mère de Visscher (129).

Très-belle épreuve du 1ᵉʳ état, avec l'adresse de N. Visscher qui, plus tard, a été remplacée par celle de J. de Ram.

1478 — La même estampe.

Très-belle épreuve et du même état.

1479 — Robert, fils du comte de Flandre (154). — Godefroy le Bossu, comte de Flandre (155).

Très-belles épreuves avant le numéro.

VISSCHER (Attribué à Corneille)

1480 — Christine, reine de Suède. *P. Soutman excudebat Harlenie 1650. Cum privil.* Beau portrait.

Superbe épreuve.

VISCHER (Jean)

1481 — Le Tâtonneur, d'après Ostade.

Magnifique épreuve avant toutes lettres; elle a de la marge. Extrêmement rare. (Collection E. Durand.)

1482 — La même estampe.

Très-belle épreuve; elle a de la marge.

1483 — Hommes dévidant près d'une femme qui file, d'après Ostade.

Magnifique épreuve avant toutes lettres. Très rare.

1484 — La même estampe.

Superbe épreuve avec la lettre; elle est signée au verso de P. Mariette.

1485 — Noce de Villageois, d'après Ostade.

Superbe épreuve avant que la planche, qui offre ici la composition en largeur, ait été divisée pour faire deux pendants en hauteur.

1486 — La même estampe.

Superbe épreuve du même état.

1487 — Le Bal dans la grange, d'après Ostade.

Superbe épreuve avant que l'adresse de N. Visscher ait été effacée.

1488 — La Danse à la porte d'un cabaret, d'après Ostade.

Superbe épreuve avant que l'adresse de Visscher ait été effacée.

1489 — Paysans jouant au tric-trac sous la treille, d'après Ostade.

Superbe épreuve; elle est coupée tout autour et l'on y a ajouté les marges et l'inscription.

1490 — Paysage animé de figures et d'animaux, d'après Berghem.

Très-belle épreuve du 1er état.

1491 — Portrait d'un nègre, d'après C. Visscher.

Très-belle épreuve.

1492 — Pierre Proëlius, ecclésiastique d'Amsterdam, d'après J. Van Noort.

Superbe épreuve.

VLEIGER (Simon de)

1493 — Différents animaux (B. 13, 14, 15 et 19). Quatre estampes.

Belles épreuves avant les numéros.

VOET (Alexandre)

1494 — La Folie tenant un chat, d'après J. Jordaens (Basan 22).

Superbe épreuve.

VOSTERMAN (Lucas)

1495 — Saint Georges à cheval combattant le Dragon, d'après Raphaël.
Épreuve de la plus grande beauté.

1496 — La même estampe.
Superbe épreuve; elle porte au verso la signature de P. Mariette.

1497 — Le Christ mort, pleuré par la Sainte Vierge et les Anges, d'après Van Dyck.
Très-belle épreuve avant le mot *Regis* à la suite du *cum privilegio*.

1498 — Saint François devant le crucifix.
Très-belle épreuve.

1499 — Paysans se battant à la suite d'une querelle de jeu. Pièce connue sous le titre du *Coup de fléau*, d'après P. Breughel.
Superbe épreuve.

1500 — Femme assise se regardant dans un miroir, d'après Terburg.
Très-belle épreuve avant la lettre.

1501 — Charles de Longueval, comte de Buquoy, d'après Rubens. Beau portrait dans un cadre entouré d'attributs.
Magnifique épreuve avant toutes lettres. Extrêmement rare.

1502 — Charles Iᵉʳ, roi d'Angleterre.
Très-belle épreuve; elle a de la marge.

1503 — Thomas Howard, comte d'Arundel.
Très-belle épreuve; elle a de la marge.

1504 — Portrait de Nicolas L'Anier, maître de chapelle de Charles Iᵉʳ, roi d'Angleterre.
Superbe épreuve du 1ᵉʳ état.

VOUET (Simon)

1505 — Sainte Famille.
Très-belle épreuve.

WAËL (J.-B. DE)

1506 — Différents sujets mêlés de figures et d'animaux; suite de quatorze estampes (B, 1-14); il manque le n° 13.
Belles épreuves.

WAEL (D'après CORNEILLE),

1507 — Suite de douze Estampes représentant des ports de mer, où sont des forçats, gravés par R. S. Chaep.
Belles épreuves; elles ont de la marge.

WARD

1508 — Études d'animaux d'après nature.
Belle épreuve.

WATERLOO (ANTOINE)

1509 — Le Petit pont de bois (B. 6).
Belle épreuve avant l'adresse de J. Ottens et le numéro.

1510 — L'homme couvert d'un manteau (B. 43). — L'Anier (48). — Les Baigneurs (88), 3 p.
Belles épreuves.

1511 — Sept paysages (B. 59, 60, 63, 64, 66, 69 et 70.
Belles épreuves.

1512 — Le Paysan avec la pelle (B. 110). — Le Voyageur en repos dans la forêt (B. 111). — Les deux hommes dans le creux (B. 112), 3 p.
Très-belles épreuves.

1513 — Le grand Tilleul devant l'auberge (B. 113). — La Femme au bord de l'eau (B. 116). 2 p.
Très-belles épreuves.

1514 — Quatre grands paysages en hauteur (B. 119, 120, 121, 123).
Trois sont très-beaux d'épreuves.

1515 — Cinq grands paysages en hauteur ornés de sujets mythologiques (B. 125, 126, 127, 128 et 130).
Trois sont très-beaux d'épreuves.

1516. — Départ d'Agar (B. 131). Très-belle épreuve sur papier à la folie. — Agar consolée par l'ange (B. 132).
Très-belles épreuves.

1517 — Elie dans le désert (B. 136).
Très-belle épreuve; elle est mal conservée.

1518. — Trente-huit petits paysages seront vendus sous ce numéro.

WEIROTTER (F.-E.)

1519 — Chute d'eau et pont rustique, d'après Diétricy; ruines de l'abbaye de Saint-Maur et fontaine près de Meulan, d'après J.-G. Wille.
Belles épreuves.

1520 — Deux vues de Vernonnet en Normandie; une double avant la lettre.
Belles épreuves.

1521 — Paysages et marines. Douze estampes.
Belles épreuves.

WIERX (Antoine)

1522 — Ernest, archiduc d'Autriche, duc de Bourgogne.
Superbe épreuve; elle a de la marge.

WIERIX (Jean)

1523 — Catherine de Bourbon, sœur de Henri IV, grand portrait in-f°.
Magnifique épreuve du 1er état, avec l'adresse de Paul de la Houne. Extrêmement rare de cette qualité.

1524 — Frédéric Otho.
Très-belle épreuve.

1525 — Ignace de Loyola, premier fondateur de la Compagnie de Jésus.
Très-belle épreuve.

WIERX (Jérome)

1526 — Henri III, roi de France, grand portrait in-f°.
Superbe épreuve.

1527 — Philippe II, roi d'Espagne, grand portrait in-f°.
Superbe épreuve.

1528 — Portrait d'un amateur de médailles.
Belle épreuve.

WILLE (JEAN-GEORGES)

1529 — Le repos de la Vierge, d'après Diétricy (L. B. 2).
Superbe épreuve du 1er état, antérieur à celui décrit, avec la bordure à simples traits, avant toutes lettres et les armes; elle est retouchée de bistre par l'auteur, et elle a une petite marge. Très-rare.

1530 — La même estampe.
Belle épreuve avec la lettre.

1531 — La mère et son enfant. Petite pièce gravée à l'eau-forte (30).
Belle épreuve avant la lettre. Très-rare.

1532 — La tricoteuse hollandaise, d'après Mieris (64).
Superbe épreuve avant toutes lettres et avant les armes. Extrêmement rare.

1533 — La même estampe.
Belle épreuve avec la lettre.

1534 — La petite Ecolière, d'après Sheneau (69).
Très-belle épreuve avant toutes lettres; seulement les armes; elle a une petite marge. Très-rare.

1535 — La même estampe.
Belle épreuve avec la lettre.

1536 — La Maitresse d'école, d'après Wille fils (70).
Très-belle épreuve avant toutes lettres et les armes; elle a de grandes marges. Très-rare.

1537 — L'Instruction paternelle, d'après G. Terburg (55).
Très-belle épreuve.

1538 — Les Musiciens ambulants. — Les Offres réciproques.
Deux estampes d'après Diétricy.
Belles épreuves.

1539 — Les bons Amis, d'après Ostade.
Belle épreuve.

1540 — Le jeune Joueur d'instrument, d'après Schalken.
Belle épreuve.

1541 — Louis Phelyppeaux de la Vrillière, comte de Saint-Florentin, ministre de la maison du Roi, d'après Tocqué (124).
Très-belle épreuve avant la qualité du ministre et avec les maillets blancs dans les armoiries; elle a de la marge.

1542 — Jean Baptiste Massé, peintre, d'après Tocqué (130).
Superbe épreuve du 1er état, avant toutes lettres et avant les armes; elle a une belle marge. Rare.

1543 — Henri Liébaux, géographe ordinaire du Roi, d'après J. Chevalier (131).
Superbe épreuve avant toutes lettres; elle a une belle marge. Extrêmement rare.

1544 — Le même portrait.
Très-belle épreuve avec la lettre; elle a aussi une belle marge.

1545 — Elisabeth de Gouy, femme d'Hyacinthe Rigaud, d'après ce peintre.
Belle épreuve; elle a de la marge.

1546 — Woldemar de Lowendal, maréchal de France, d'après de La Tour.
Belle épreuve.

1547 — Nicolas de Catinat, maréchal de France.
Belle épreuve.

WITDOUC (Jean)

1548 — L'Apparition de saint Nicolas à Constantin-Auguste, d'après C. Schut.
Superbe épreuve.

WOËRIOT (Pierre)

1549 — La bataille de Constantin contre Maxence, d'après Raphaël (R. D. 208).
Très-belle épreuve du 1er état, avant que la planche ait été divisée en deux. Très-rare.

1550 — Garniture d'épée dont la poignée est ornée d'un mascaron (R. D. 374).

Belle épreuve; elle est doublée. Ce morceau ainsi que les deux suivants sont de la plus grande rareté.

1551 — Garniture d'épée dont la poignée est ornée des amours de Mars et Vénus (R. D. 377).
Belle épreuve.

1552 — Garniture d'épée dont la poignée est ornée de grotesques (R. D. 378).
Belle épreuve; elle est doublée.

WOOLLETT (William)

1553 — *The first scene of the maid of the mill* (la première scène de la Fille du moulin), d'après Richard.
Très-belle épreuve avant la lettre.

1554 — *The Cottagers* (les habitants des chaumières). *The jocund peasants* (les joyeux paysants). Deux pièces d'après C. Dusart.
Belles épreuves.

1555 — Niobé, d'après R. Wilson.
Très-belle épreuve.

WORLIGE (Th.)

1556 — Son portrait; il est vu dessinant.
Très-belle épreuve.

1557 — Bustes de vieillards. Quatre estampes.
Belles épreuves.

WYCK (Thomas)

1558 — La Fileuse au fuseau (B. 1).
Belle épreuve du 1er état.

1559 — Les Joueurs (B. 2). — L'Homme ajustant sa chaussure, (B. 4). Deux estampes.
Belles épreuves.

1560. — La colonnade (B. 8).
Très-belle épreuve.

1561. — Le puits (B. 10).
Très-belle épreuve.

1562 — Les Cuisinières près du puits (B. 13).
Belle épreuve.

1563 — Le Marchand oriental (B. 15).
Très-belle épreuve.

1564 — Les Matelots occupés sur le rivage (B. 17).
Très-belle épreuve.

1565 — La Fileuse près du pêcheur (B. 18).
Très belle épreuve.

1566 — Le Moulin à eau (B. 20).
Très-belle épreuve.

WYNGAERDE (François van den)

1567 — Saint Bonaventure recevant la communion de la main
d'un ange, d'après Van Dyck.
Très-belle épreuve.

1568 — Portrait de Lucas Vosterman, représenté assis, tête
nue, sa main droite sur son chapeau, d'après J. Livens.
Superbe épreuve.

ZANETTI (Ant.-Marie)

1569 — La Fuite en Egypte, allégories sur les centaures.
Quatre estampes.

ZEEMAN (Reinier)

1570 — Différentes marines. Neuf estampes.
Belles épreuves.

ZIARNKO (Jean), graveur polonais

1571 — Tableau et emblemes de la détestable vie et malheu-
reuse fin du maistre Coyon. Pièce historique divisée en

six compartiments représentant des allégories relatives
au supplice du maréchal d'Ancre : au-dessous une lé-
gende de dix quatrains. *A Paris, chez les 24 et 25 avril
1617.*
Très-belle épreuve. Extrêmement rare.

ZOAN ANDREA

1572 — Panneau d'ornement (B. 22).
Belle épreuve. Rare.

ZUCCARELLI (Fr.)

1573 — Les Vierges folles et sages. — Femme debout. Deux
estampes.
Belles épreuves.

DESSINS

TIEPOLO (D.)

1574 — Composition de plusieurs figures.
Très-beau dessin à la plume.

VELDE (Adrien van)

1575 — Étude de vache.
Beau dessin à la sanguine.

Renou et Maulde, Imprimeurs de la Compagnie des Commissaires-Priseurs,
rue de Rivoli, 145.   49814

55662 —

9 782014 460315